Study on Financing
Modes of China's
Government-subsidized Housing

中国保障房融资模式研究

张勇 著

经济科学出版社
Economic Science Press

图书在版编目（CIP）数据

中国保障房融资模式研究 / 张勇著 . —北京：
经济科学出版社，2014. 11
ISBN 978 - 7 - 5141 - 5022 - 3

Ⅰ . ①中… Ⅱ . ①张… Ⅲ . ①住宅金融 - 融资模式 -
研究 - 中国 Ⅳ . ①F299. 233. 3

中国版本图书馆 CIP 数据核字（2014）第 219292 号

责任编辑：周国强
责任校对：徐领柱
责任印制：邱 天

中国保障房融资模式研究

张 勇 著

经济科学出版社出版、发行 新华书店经销

社址：北京市海淀区阜成路甲 28 号 邮编：100142

编辑部电话：010 - 88191350 发行部电话：010 - 88191522

网址：www. esp. com. cn

电子邮件：esp@ esp. com. cn

天猫网店：经济科学出版社旗舰店

网址：http：//jjkxcbs. tmall. com

北京密兴印刷有限公司印装

710 × 1000 16 开 12 印张 200000 字

2014 年 11 月第 1 版 2014 年 11 月第 1 次印刷

ISBN 978 - 7 - 5141 - 5022 - 3 定价：46. 00 元

前　　言

　　"住有所居"是人们基本的生存需要，保障性住房即是政府部门通过使用经济的、行政的和法律的手段，为弥补"市场失灵"这一经济问题，对住房市场进行干预，以此解决低收入群体的居住困难问题。保障性住房建设具有自身的一些特点，比如建设成本在短期内难以回收、投资的建设周期较长和规模庞大，但资金回报率相对较低，这些特点决定了资金来源问题是其健康发展所面临的重要问题。相比于国外的保障房研究，我国对保障房融资模式的相关研究起步较晚，许多理论还在继续发展与创新的阶段。但是随着保障房开发、建设、管理和运营过程中融资困境的相继出现，以及保障性住房政策的不断推出，在政府实践探索的基础之上，关于保障房融资的研究越来越重要。因此，本书的研究具有重要的现实和理论意义。

　　本书运用理论和实践研究相配合，采用了资料和案例分析法、对比研究法、规范与实证研究相结合、文献研究法、演绎与归纳分析相结合等研究方法进行了系统的分析与逻辑归纳。

　　本书的研究思路与主要内容：本书在我国保障房融资现状的基础上，通过对其他国家保障房建设经验进行比较研究，对保障房融资模式创新等问题进行深入分析，找出适合我国国情的保障房融资模式。本书通过对保障房融资模式的探索，为缓解政府部门的财政压力，解决保障房建设资金的融资方式，以及保障房融资缺口等问题提供对策和建议。

第一章是绪论。主要论述了本研究的背景、理论作用与实际意义，并对国外及我国学者有关保障性住房融资的研究动态进行了回顾和简单述评，在他们的研究成果基础上，提炼出本研究明确的基本框架和研究内容。

第二章是有关理论分析。首先对保障房融资的概念进行了界定，并对融资理论进行了梳理和综述；在此基础上，对房地产开发融资的主要方式以及各融资方式的适用性进行了整理和分析；最后提出了保障房融资模式的基本分析框架。本章以理论分析为前提，为后文的撰写打下基础。

第三章是国外保障性住房融资模式的分析和借鉴。本书期望通过借鉴一些发达国家和地区的保障房融资的经验，以便获得对我国保障性住房融资模式的启示。先对保障性住房融资的新加坡模式、德国模式、美国模式、日本模式、英国模式等进行了总结和比较分析，然后讨论了对中国保障房融资模式的借鉴作用。

第四章分析了我国保障性住房融资的现状。本章首先对保障房定义以及分类、特征进行了界定；然后对当前我国保障房的融资模式与存在的困境及主要问题进行了探讨，找出我国保障性住房面临的最主要的困境：一是融资渠道单一，二是资金严重短缺；最后介绍了我国保障房与普通房融资的主要区别，分别从融资渠道的区别和两者的收益及风险的区别两方面进行了阐述。

第五章讨论我国保障房融资难的原因。分别从供给和需求方面的原因、制度方面的原因、法律法规方面的原因、监管方面的原因四个方面进行了全面的分析。

第六章安排了我国保障房融资模式的分析。本章提出了适合我国保障房开发的融资方式，并对各类融资方式进行了比较分析；本章还从棚户区改建房的融资、两限房和经济适用房的融资、公共租赁房和廉租房的融资三个大的方面对不同类型保障房项目融资的适用性选择进行了分析和讨论。

第七章提出了改进和健全我国保障性住房融资模式的策略与建议。针对我国现实情况，一是应充分发挥政府在融资中的主导作用，探索多元化的融资方式；二是进一步构建相关法律保障系统，确立系统配套的支持政策；三是建立有效的激励机制和风险分担机制，健全严格的监管机制。

最后的第八章是本书的研究结论、研究不足之处及研究展望。

本书可能的创新之处有以下几个方面：

（一）着眼于保障房属性和我国国情

本书着眼于保障性住房的公共属性和保障作用的特殊性，以及中国保障房的初级阶段特征，在充分借鉴有关国家保障房融资成熟经验的基础上，试图寻求适合中国保障性住房发展特征的新型融资模式。

（二）注重理论依据和国外经验借鉴

本书以金融制度创新理论、博弈论、公共产品理论、利益相关者理论、项目区分理论等为理论依据。在此基础上进行保障性住房融资模式设计，并且确立在不同的模式中，政府部门的作用及职能，一定程度上拓展了本研究的深度。结合我国现状和国外发达国家保障性住房建设的先进经验，对我国保障性住房存在的融资困难问题进行深入分析；针对我国现实情况，尝试将项目融资方式和法人机构融资应用到保障性住房融资进行分析。

（三）强调政府主导性和多渠道融资

我国的保障房融资首先要强调政府部门的主导和引导职能，把政府部门的财政支持作为当前保障房融资的一项重要的来源。同时，依托政府力量来探索多元化的融资方式，如创新项目融资模式、扩大资金来源渠道、设立专门的融资机构等，对我国保障性住房建设融资提供建设性意见。

（四）强调法律支持和建立监督机制

融资模式作用的扩大和发挥，要求配以完善的法律保障体系。鉴于此，政府部门应从宪法、专项法律和管理办法等多个层面，构建完善的保障性住房法律体系，为保障房融资和建设的进行提供保障和支持。当然，法律制度更多的是一种规范和指引，改善保障性住房资金困境和探索保障性住房融资方式，还需要建立完善的监管机制和激励约束，在吸引资本的同时，规范市场融资行为，才能保证各种融资模式效益的充分发挥。

本书得出如下五个结论：

第一，中国保障房融资难是多方面原因共同作用的结果。

第二，REITs 与 PPP 是中国保障房融资可以使用的模式。

第三，保障房的建设及融资应强调政府主导作用。

第四，尽快建立符合中国国情的保障房法律体系，推动保障房融资的规范、有序进行。

第五，吸引更多资本为保障房建设提供资金，要求建立完善的激励机制，主要表现为制度创新，通过构建激励相容机制，使私人资本与保障房建设目标函数趋于一致性。

本研究主要的不足：由于目前保障房起步较晚，可以借鉴的成熟运营经验非常少，故而构建适合保障房的融资模式就显得非常紧迫和困难。同时，本书利用相关理论研究保障性住房融资模式的深度不够，对政策实施的比较与评价涉及较少，偏重于政策运行过程的描述，理论归结能力欠缺。就保障房项目本身来说，保障房项目可经营性、可销售性的定量分析、保障房项目经济效益与其他财务指标分析、融资能力分析等，由于目前资料和数据缺乏，所以没有进行定量分析，需要进一步跟踪和研究。

作　者

2014 年 8 月

目 录

| 第1章 |

绪　　论

1.1　选题背景和意义

"住有所居"是人们一项最为基本的生存需要，"人因宅而立"同样也表明住房对于人们的重要性。保障性住房即是政府部门通过使用经济的、行政的和法律的手段，为弥补"市场失灵"这一经济问题，为全体居民尤其是低收入群体提供的最基本的住房，是社会保障制度随着社会和经济发展延伸到住房建设领域的结果。由于低收入家庭常常无法承担市场上的住房价格，往往需要政府当局来提供住房保障。因此，从本质上来看，保障房实质上是政府当局为弥补市场这只"看不见的手"的不足，对住房市场进行干预，以此解决低收入群体的居住困难问题。

1.1.1　选题背景

保障性住房建设具有自身的一些特点，比如建设成本在短期内难以回收、投资的建设周期较长和规模庞大，但资金回报率相对较低，这些特点决定了资金来源主要为政府财政投资。

（一）目前国内对保障房的制度建设仍然在探索阶段

住房乃民生之要。自从1998年以来，国内对住房政策制度进行了改革。市场机制配置资源的效率优势不仅得到充分体现，而且发挥了市场机制在住房方面的效率优势，促进住房建设得到了快速的发展。当时，我国住房制度改革提出了"确立与完善以'经济适用住房'为重点的多层次结构的住宅供应体系"这一目标。在 2003 年，这一目标被调整为"加紧确立与健全适应我国国情的保障性住房制度"。2008 年 12 月，国务院出台了《关于促进房地产市场健康发展的若干意见》，这项政策提出要加强保障性住房建设的力度。一是基本实现棚户区除旧布新及解决收入较低家庭的住房问题；这一计划争取用三年左右的时间完成；二是多渠道筹集建设资金，按照国内相关规定，通过多渠道多方面筹集建设资金，中央和地方都要加大投入资金的力度，增大保障性住房的提供；三是推行试点工作，将住房公积金用于住宅建设。我国住房保障工作从整体上看还处于初级阶段，既有执行过程中管理不规范与操作不到位等问题，也有住房保障制度和政策方面的问题，这些存在的问题和矛盾，就要求不断加强管理，及时总结有益经验和完善制度。进入 2011 年后，《国务院办公厅有关进一步做好住房市场调控工作相关事情的通知》提出"努力加大公租房的供给"、"逐渐增大保障房制度的覆盖范围"。2012 年，为扩大公共租赁住房的保障范围进行进一步探索，各地都在酝酿将新就业的大学生群体纳入住房保障体系。

（二）近年来供给增加，但住房困难现象仍比较突出

"十一五"期间，国内保障性住房制度逐渐完善，这一制度的重要内容是廉租住房和经济适用住房等。在这五年里，经过各种保障性住房建设，我国一共有 1000 多万个城镇收入低的家庭以及 300 多万个中等偏下收入的家庭的居住难问题得到解决。截至 2010 年年底，据有关统计显示，农村人口居住面积超过了人均 33 平方米，城镇人口居住面积超过了人均 30 平方米，我国城镇保障性住房已达 7% ~8% 的覆盖率。保障房建设在"十二五"期间到了"快速跑"的时期。从 2011 年起，保障性住房的进一步发展，不仅包含公共租赁性住房（如廉租房）、还包政策性产权房（如经济适用房）以及各种棚户区改造安置房等实体保障；此外，还结合了对租金的补贴。2013年，我国城镇保障性住房安居工程的基本建设任务是：建设成功 470 万套和新开工 630 万套保障房。我们需要面对的现实是，我国各个地区保障性住房制度建设的基本形势仍然不容乐观，在住房品种、面积等多方面依然满足不

了人们不同的需求。

（三）商品房价格持续飙升，低收入家庭却无力购买

我国商品房价格自 2004 年开始一直保持较高的增长水平，近几年商品房价格持续了高增长，在越来越多的城镇居民无力购买商品房的背景下，保障性住房建设更是一项关乎社会和谐和关乎民生的重要问题。随着商品房市场价格的飙升，城市中低收入家庭无力购买商品房的问题日益突出。在这种情况下，保障性住房政策呼之欲出，"十一五"规划中，我国明确提出在"十一五"时期要加强保障性住房建设。规划在 2011 年建设 1000 万套，"十一五"期间计划建设 3600 万套，到 2015 年时候保障性住房覆盖面远高于现阶段 7% 的水平，达到整个住房市场的 20%。住房建设基本安排为 2011 年完成 1000 万套的建设，2012 年也要开工建设 1000 万套，2013～2015 年逐年开工建设 500 万～600 万套。2011 年的 1000 万套保障性住房的建设规划包含四个部分：160 万套的廉租房、超过 220 万套公租房、200 万套两限房与经济适用房以及 400 万套的棚户区改建房。从资金方面来看，要完成这 1000 万套保障房的建设目标，投入的资金需要 1.3 万亿～1.4 万亿元，"十二五" 3600 万套的建设资金要超过 5 万亿元，1000 万套保障房将近 1.4 万亿的投资额中，国家财政拟安排资金 1030 亿元，其余的 90% 的建设资金需要经过地方政府和其他融资渠道配套解决。

（四）地方财政收入增速不高，保障房资金缺口严重

当前国内保障房的融资方式主要是靠政府部门来提供资金。政府提供的资金主要有四个来源：公积金贷款、公积金的增值净收益、土地出让金的净收益、地方财政部门预算以及地方政府债券。同时还有一些辅助作用的其他社会资金来源，包括银行贷款和社会保障基金。国家住房保障规划中如此大的建设力度，仅依赖中央政府财政单一融资模式肯定无法满足巨额的投资缺口。实际上，保障性住房资金缺口等问题一直困扰着各级地方政府，在近年地方财政收入增速普遍不高的背景下，使得这一问题尤为突出。保障性住房是一项惠及城镇中低收入群体的民生工程，但是所需资金量大、时间周期长。随着保障性住房建设规模逐年增大，政府部门的财政压力也越来越大。因此，这种融资模式，即由政府部门单一推行的保障性住房建设融资模式，

随着发展越来越受到挑战。同时，由于我国保障性住房面临的资金问题已经成为保障性住房建设和发展的"瓶颈"，存在着筹资渠道不畅、融资模式较为单一等问题，这样对社会保障"住有所居"目标的实现形成了影响。因此，我们应如何通过社会、政府以及私人相结合形成多元化的融资渠道，形成一个可持续的、具备自身筹资实力的、开放的融资平台，以此来拓展保障性住房建设资金来源渠道，对保障性住房建设提供融资支撑，成为相关研究的一个重要内容。

（五）保障性住房融资比例失衡，资金使用效率较低

政府部门的财政支出经常难以满足保障房建设的规模，并且市场上私人投资的规模较小，多元化投资渠道不畅通，这样形成的一个非常重要的保障房资金来源就是银行信贷。这样的后果是出现了债券融资比例较高，同时股权融资的比例较低的融资比例失衡现象。这种保障房融资获取资金的方式，仅通过银行信贷和土地批租等，一方面需要承担巨额的长期债务问题，另一方面又损害了长期稳定的私人投资资金来源，成为保障房建设中存在的突出问题，并不是长期的有效机制。长期以来，政府部门通常是保障性住房建设的投资主体，因此，一般由政府部门对保障房建设进行管理，但这一过程显然有的显著的垄断性和非市场的行为特点。地方政府一般受到财政压力，使得天生缺少主动建设保障房的内在动力，并且建设资金使用效率低下，项目营运浪费严重。同时，在保障房建设资金运用方面，我国还缺乏有关的监管机制和配套优惠措施。

本书在我国保障房融资现状的基础上，通过对其他国家保障房建设经验进行比较研究，对保障房融资模式创新等问题进行深入分析，找出适合我国国情的保障房融资模式。探索解决保障房建设融资掣肘问题的方法，不仅可以发展我国保障性住房融资模式的理论研究，对解决低收入群体的保障房建设具有重要的现实意义。随着我国保障性住房建设规模日益增大，保障房建设融资困难的现象日益凸显，面临资金供给不足等问题。本研究通过对保障房融资模式的探索，为缓解政府部门的财政压力，解决保障房建设资金的融资方式，以及保障房融资缺口等问题提供对策和建议。

1.1.2　研究意义

为了寻找适合我国的多元性融资渠道，通过了解保障房的现实背景以及借鉴发达国家与地区的融资模式，为我国保障房建设提供全面的融资支持。不仅可以解决我国保障性住房建设遇到的资金困难，而且对完善国内保障房融资模式有重要的思想意义和现实作用。

（一）可以丰富我国保障房融资模式的基础性研究

保障性住房在国内发展时间并不长，有关理论与制度体系的研究还不够全面。已有文献中，大部分论文都是保障房建设的管理以及保障房建设的制度体系，而较少从对融资模式或者说资金来源渠道的方面进行研究。国外一些国家在保障性住房建设和发展上具有先进的融资经验。本书在此基础上提出符合国内现实情况的多元化融资方式的思想和建议，侧重于研究保障房可持续发展的融资模式和资金来源问题。一些发达国家和地区在解决低收入群体住房问题，以及解决居民住房问题有相对好的模式，有一整套体系来解决本国或本地区居民的住房问题。本书总结和分析一些发达国家关于解决居住保障方面的先进思想，对于完善国内保障性住房建设具有实际意义。本书选择了在我国社会发展中日益凸显的保障房建设融资难的问题进行分析，解决这一问题，不仅可以丰富和发展相关的基础研究，而且可以为我国保障房健康、快速和可持续发展提供决策依据。

（二）探索保障房融资模式有助缓解政府财政压力

随着保障性住房在我国范围内兴建，对城镇低收入群体的惠及面也不断扩大，中央和地方政府正在不断加大保障性住房的投融资渠道，使得这一社会性保障措施对普通老百姓的覆盖范围更加扩大。通过寻找多元化的保障性住房融资模式，缓解各级政府财政资金压力，为保障房建设提供持续与稳定的建设资金来源，这是本书研究意义所在。这一问题的研究，还可以有效弥补保障性住房建设的资金缺口，帮助广大中低收入人群更好地实现"住有所居"的愿望。通过多元化的融资充分利用各方资金，一方面，使社会闲散资金可以得到有效的利用，能够取得双赢的效果；另一方面可以弥补中央财政资金的缺乏，打破政府单一主导的融资局面。

（三）住房保障关乎全面建设小康社会目标的实现

我国自从 1998 年全面对住宅制度进行改革以来，拓展了广阔的住房市场，住宅建设也取得飞速的发展，大大提高了居住质量与居住环境。不仅满足了居民多样化的住房需求，市场机制在资源配置中的高效性也得到了展现。住房市场化尽管带了许多益处，但也产生了许多社会问题。中共十七大提出了"全面建设小康社会"这一论题，其中的一个内容是：建立和健全涵盖城乡的基本社会保障，每人拥有最基本的生活保障。基本住房保障是生活保障中的一个重要方面，中低收入困难家庭也成为重要的保障对象，没有住房的小康水平不是真正的小康，没有中低收入家庭的住房小康也不是真正的小康。我国城市住房制度改革的基本目标，就是建立"双轨制"住房制度。这一住房制度通过市场的基础配置和政府的保障两者相结合。按照我国社会主义市场经济发展的基本需要，以满足不同层次收入水平的城市群体住房要求。住房保障问题的解决将有助于我国全面建设小康社会目标的实现。

（四）不只是经济问题，更是关乎稳定的政治问题

现代社会中，政府部门通过建立和健全保障房制度，推行一系列政策针对城市中低收入群体，来解决他们的住房问题。在一些经济发达的国家或地区，政府部门通常在改善住房条件与解决低收入家庭的居住问题方面发挥最主要作用。虽然各国政府部门采用的保障房制度存在差异，同时各国有关的社会和经济制度、国土状况、经济发展水平等因素也存在区别，这样实施保障房制度的过程中产生的结果也不尽相同，但我们通过总结可以找到一些相似的规律性的经验和教训。经历了不断完善和发展，世界各国的居住保障制度和政策正在不断走向成熟。对于世界各国和地区的居民来说，有能力解决自身住房问题的仍然为占总人口少数的高收入家庭以及一部分中等收入家庭；最为广大中低收入群体改善居住条件或者解决住房难题都需要政府部门的帮助。政府当局的一个基本责任是为居民构建良好的住房保障制度，保障人们的生存和居住权。因此，保障性住房问题已不仅是一个经济问题，更是一个政治问题。

（五）住房保障对经济社会长远发展具有重大意义

一方面，保障性住房同时关注改善民生和社会经济发展。住房保障一头与民生相关，另一头与社会发展关系密切，既能带动总的消费，又可以加大总的投资，对调结构、转方式、扩内需具有重要作用。国际金融危机爆发后，受到危机带来的影响，中低收入家庭减少了其他方面的消费支出，从而加剧了这些家庭住房困难，也影响到了我国扩大内部需求特别是消费需求的这一经济发展战略。保障房的建设在改善民生的同时，从消费与投资两方面促进经济发展，既可以促进水泥、钢铁以及其他建筑材料等相关产业的发展，又能促进装饰装修和家具家电等行业的发展。可见，保障性住房的实施是不仅是改变经济结构、转换经济发展方式的有效路径，还促进社会和谐稳定、改善民生的必然要求。

另一方面，住房保障关系到"住有所居"的实现。"十七大"明确提出"住有所居"的社会目标。"十二五"规划还提出，"坚持市场的调节和政府部门的调控相配合，加紧健全适合我国国情的政策和居住机制；逐渐形成消费能力和住房价格基本相适、结构合理、总量大体平衡的住房供给和需求格局，实现广大群众住有所居的目标。"目前我国居住困难家庭仍然不少，并不能全部依靠市场配置解决问题，所以，实现"住有所居"这一社会目标必须发展住房保障。

1.2　国内外研究现状

住房保障问题的研究以及中低收入群体住房问题的解决一直是世界性的学术热点，同时也是学术界一直以来关注的重点问题。西方发达国家和地区的住房保障相对更为完善，国外的住宅市场发展相对来说比较成熟，有关住房保障问题的研究成果也较丰富和完善。20 世纪以前，西方国家政府坚决奉行"守夜人"的立场，认为公民主要依靠自身的努力来解决住房问题。但产业革命和第二次世界大战之后，西方国家加速的城市化进程导致城市住房严重短缺，迫使政府不得不针对住房不足问题对住房市场和经济发展进行调控。随着城镇住房严重短缺问题的逐步解决，住房政策和理论在遵循市场规律的基础上，要求政府发挥在住房保障方面的杠杆作用和职能，同时应遵循市场配置资源的基础作用。国外学者主要从公共政策的制定、经济学、政治学和社会学等领域，多角度的对住房保障的理论模型、政策取向、理论依据、融资模式以及制度完善等方面进行研究，主要涉及以下方面：

1.2.1　国外相关文献综述

（一）保障性住房理论模型的研究

保障性住房在国外出现较早，这方面的理论研究同样起步较早，早在20世纪60年代就提出了许多有代表性的理论和模型。邓尼逊（Donnison，1967）通过对不同国家低收入群体的住房问题进行了研究，认为政府部门在社会不同的发展阶段，保障性住房方面分别扮演三个不同的角色，包括全面型角色（comprehensive）、社会型角色（social）以及初期型角色（embryonic）；他的理论模型充分体现了保障性住房应该分类分层供应的思想。进一步，斯威尼（Sweeney，1974）建立的住房过滤模型已经被许多国家和地区广泛应用于保障房的研究中，这个模型着重强调了家庭居住质量的差别。对住房市场的过滤现象进行了分析，对住房建设函数中的相应的维修成本与建筑成本进行分开，反映了不同的住房等级与不同收入阶层之间的供需关系。

还有一些代表性的模型，如福利国家归类模型与住宅市场过滤模型。艾斯平-安德森（Esping-Andersen，1990）、邓肯（Duncan，1994）和巴洛（Barlow，1994）在他们的福利国家归类模型中，认为居住的保障应该包括在一国的整个社会保障体系里，保障性住房应该由政府部门投资建设并且统一管理。阿瑟·奥沙利文（Arthur O'Sullian，1996）发表了关于住宅市场过滤模型的论文，从住房福利的角度来考虑住房分配，依据公平与效率来保证保障性住房资金的有效分配，这个模式主要从住房分配进行了研究。

（二）保障性住房政策的研究

随着人口不断向城市的涌入，各国加快了城镇化的进程，此时中低等收入群体的住房问题日益显露，因此，保障性住房政策的研究一时成为各国学者研究的热点。阿瑟·奥沙利文（Arthur O'Sullian，2002）对城镇贫困人口与实行的住房政策进行了分析，发现加重城市贫困的原因是住房隔离政策，因此，防止城市贫困的扩散的途径是通过政府住房政策改革。潘特（Painter，1995）研究了居住补贴对住宅项目参与度与劳动力市场的作用；他得出的结论是，为避免带来不利的影响，住房补贴应按照不同的群体和家庭设定不一样的额度。西川桂治（日本）把保障房的政策分成公共财政主导型、市场听任型以及市场操作型三种类型；其中，财政主导型政策主要包括官民合作型（比如法国）、合作社型（比如北欧国家）与公营中心型（比如英国）等；市场放任型政策主要有无政策型（比如葡萄牙）和部分补充型（比如日本）；市场操作型政策包括融资刺激型（比如美国）与融资积累型（比如德国）。

米勒斯（Millers，2003）分析了开发中所实行的公共政策以及政府赞成的可支付住房的建设。舒瓦兹（Schwarz，2008）集中探讨了扩大保障房的规模的途径，为保障性住房建设打下了理论基础，他阐述了美国联邦政府为解决居住问题而实行的主要措施和项目，这些关于保障房的研究主要涉及的是住房困难问题，认为逐步建设覆盖中低收入人群的住房保障必须扩大保障性住房房源。

但是，这些研究几乎没有涉及保障性住房融资方面的研究。随着保障房建设力度和规模的不断扩大，融资问题逐渐成为保障性住房建设的掣肘，对保障性住房融资问题的研究才开始得以引起关注。

（三）保障性住房融资工具和融资模式创新研究

国外发达国家的资本市场相比于发展中国家更为完善和成熟，这为他们不断创新保障房融资模式提供了前提与基础。斯蒂格利茨（Stiglitz，2005）认为可以对住房保障采用现金补贴，不但有利于保证商品房市场的稳定，还可以提高中低收入家庭的租赁住房及购买住房能力，从而扩大了住房保障的范围。随着现代金融技术的创新以及大量新的金融工具的涌现，不断出现保障性住房的创新融资模式。这其中，发展最为快速的是 PPP 和 REITs 模式，这方面研究成果丰富，并在世界范围内得以推广。

陈淑贤和埃里克森（Chan & Erickson，2003）对美国现有 REITs 进行了实证方面的研究，他们从经营绩效和管理者投资决策能力的角度出发，探讨了比如投资绩效、内外部投资顾问、机构投资者、规模经济、组织的结构等一系列问题。萨瓦斯（Savas，2002）对 PPP 模式中出现的风险进行了分类，认为这些风险包括商业风险、政治风险及财政风险，并研究了基础设施建设中的私人部门和公共部门二者之间的联系。阿隆索 - 康德等（Alonso-Conde et al.，2007）定义了 PPP 模式中政府部门的责任，认为倘若要发挥对私营部门的激励作用，政府在 PPP 模式里应提供最低投资收益率的保证，并对具体措施进行了论述。

金融工具随着发展的不断涌现，目前这方面的研究主要集中在 ABS、REITs 等创新融资模式。如格里格斯比（Grigsby，1990）、色隆和纳曼（Sellon & Nahmen，1988）、卡利（Karley，2002）等学者对 REITs 和 ABS 等融资模式的研究。布鲁格曼和费雪（Brueggeman & Fisher，2003）分别从美国房地产融资中的住宅房地产融资、房地产资本市场和证券、法律因素等角度分析了房地产投融资的演变和发展、房地产投资和融资、如何处理收益与风险的关系等问题。

通过文献梳理，笔者发现自从 20 世纪 70 年代，以兴起于美国的金融技术创新为基础，国外发达国家就开始了对保障性住房融资模式进行深入的研究。金融技术创新浪潮的出现逐步完善了保障房的融资体系，同时也为我国提供了大量的经验借鉴，它的出现也为保障房融资模式的方式和内容提供了技术上的便利，有利于社会闲置资本参与到保障房建设中。值得一提的是，这些研究主要针对某一种融资模式，并且是基于国外的现实情况进行的深入研究，缺乏系统和整体的研究。加之各国的经济实力和现实基础等方面存在差异，本文不可能直接照搬国外发达国家先进的融资模式，而只能将国外发达国家的先进经验用作参考。在此基础上，结合我国国情以及目前我国保障房融资面临的现状，探寻适合我国现实情况的保障房融资模式。

1.2.2　国内相关文献综述

相比于国外的保障房研究，我国对保障房融资模式的相关研究起步较晚，许多理论还在继续发展与创新的阶段。但是随着保障房开发、建设、管理和运营过程中融资困境的相继出现，以及保障性住房政策的不断推出，在政府实践探索的基础之上，我国国内学者们关于保障房融资的研究不断增多。

（一）保障性住房融资参与主体的研究

有关保障房融资中政府部门作为参与主体的研究。蔡冰菲（2009）分析保障房建设时采用了"智猪博弈"，在中央和地方两级部门这种非对等主体之间的策略选择进行了分析，提出了对策和建议。郑思齐（2009）认为提升保障房政策措施的执行效率与效果，中央向地方的财政专项转移应与使用于保障房建设的地方财政相挂钩。杨赞、沈彦皓（2010）认为政府部门应实现当前的经营管理者与直接投资者的职能转换，稳步改变为保障房融资的监督者、合作者以及引导者。李稻葵（2011）认为应改革地方政府的财政制度，确立保障房融资这项社会制度，为保障性住房的中长期建设提供支持和制度上的保证。汤筱娴（2011）认为保障性资金应实现政府、市场以及个人三个相互配合，市场参与、政府主导、居者添补：即需要吸引市场积极参与保障房建设，也需要地方政府适当财政自由权，此外，还认为居住人也应该提供部分资金。

有关保障性住房融资中社会主体参与的研究。当前，保障性住房的资金需求量十分庞大，除了政府部门参与融资外，建设保障房的必然之路是动员社会的其他主体参与进来，对此有关研究给予了充分的研究。李晶（2010）指出了商品住房和保障房项目存在许多不同，其中，保障房项目是一种公共产品，这一属性要求对开发商在市场和销售时的价值进行有效控制。因此，保障性住房与商品住房的发展迥然不同，保障性住房的参与者更加多元化。对于是否进入保障性住房建设，目前社会资金持有观望态度，施昌奎（2011）认为政策本身的不确定、缺乏退出机制、低利润和较高的机会成本，是妨碍社会资本进入保障性住房建设的主要原因。为了提高保障性住房的投资收益，汇聚社会资金，周江（2011）认为政府部门应在土地、金融、财政和税收等方面给予保障房建设一系列优惠政策，这一可以提高社会资金投资保障性住房的积极性。

（二）保障性住房制度缺陷和制度设计的研究

一部分研究侧重于分析政策制度存在的缺陷。尹莉娟和阳义南（2005）针对保障房的政策进行了分析，并总结出其中存在的问题：经济适用房和廉租房的供需量严重失衡，公积金的政策的执行和管理体制也存在问题。沈卫平（2009）针对当前的住房保障制度指出，保障性住房建设需要巨大的资金支持，但地方政府的财政实力无法承受，造成了保障水平不足；另外，住房保障制度不完善，一方面职责分配不明确，机构职权交叉；另一方面出现了新的分配不公同时滋生了腐败，住房保障制度的执行过程中被异化。赵红艳等（2008）从财政视角对低收入群体的住房保障进行了分析，并认为当前政府财政的投入力度不够、税收优惠体系不完善、补贴目标不精准。

另一部分研究侧重于宏观层面的政策制度设计。曹振良（2004）详细的分析了自改革开放以来我国住房体制改革的历程，提出收入阶层不同的家庭适用不同的住房政策，因而我国应该建立一种多层次的住房供应体制。建立有社会保障功能的经济适用房供给制度和针对低收入群体的廉租房供应系统，通过租赁而非出售的形式，为各收入阶层人们解决住房问题。刘洪玉（2004）细致研究了如何界定各居民家庭应适用怎样的住房政策问题。他认为克服收入标准线难以划分的困境可以通过各家庭成员所属职业领域。党政事业单位、国有企业、科研机构、教育机构、医疗机构等领域的人员归为高中收入群体，这一类层次采用市场机制供给商品房。包含残疾人、无就业人口、多子女、下岗职工等这类家庭归为低收入群体，这一类层次可由政府提供保障性住房。在保障房制度及管理方面，周阳敏（2011）从包容性增长与包容性社会治理的角度，探索了建立"民营管理、公私共建、民间监督、政府主导"的保障性住房建设的模式；并根据一些国家的经验，主张我国保障房建设应该从短期和长期分别进行资金运营，建立一个科学的动态的机制，对资本的监管、准入和退出过程进行管理。陈杰（2011）认为筹划保障房融资时，需要想到如何解决后续资金，还要考虑到如何筹建保障性住房的资金；住房公积金用来建设保障性住房时，他提出应该对公积金的建筑贷款建立担保制度。并从制度区分、市场运作、政策支持等多方面对担保体制的建设提出了政策建议。李季先（2011）认为解决建设保障房时的资金困难，一个有效融资工具是地方政府融资平台发行的债券在保障房开工之前，从而可以有效地为保障房目标的完成提供资金支持。值得注意的是，地方投融资平台债务要求有事前、事中、事后等监管措施，通过建立健全相关法律妥善解决。

（三）利用金融工具或金融政策创新融资渠道的研究

对于经济适用房的融资渠道，甘新莲等（2007）研究了江西吉安的金融支持经济适用房建设，针对银行信贷在吉安市经济适用房建设中充当重要角色提出应改善信贷制度设计，规范政府与银行的关系。对于公共租赁住房的融资渠道，张都兴（2011）通过公租房与销售类住房比较，发现前者有更为严峻的资金瓶颈；提出通过建立保障性住房金融体系和提高保障房贷款证券的收益率以拓展公租房融资渠道。

关于利用金融工具多渠道解决保障房融资困境。巴曙松（2006）认为应采用政府机构为主导的商业形式运作方式来拓宽保障性住房建设的融资模式。除了依靠社会保障以及财政拨款等资金外，还可以充分利用更多的金融工具，从而多渠道的增加保障性住房的资金来源。路君平和糜云（2011）对我国保障房建造中面临的问题进行研究后，发现资金困难问题是保障房建设中存在的主要问题。因此，他提出使用多元化方法来解决这一问题，如发挥债券市场功能；吸引保险资金参与；进行金融创新；发挥商业银行在保障房建设资金方面的作用等。

关于金融政策支持住房保障。杨赞和沈彦皓（2010）认为我国保障房建设的一个亮点是利用了金融政策；此外，还需要借鉴外国一些发达国家的经验；运用土地市场为保障房的建造进行融资、发展房地产信托基金、利用资本市场功能、实行房地产证券化以及开拓其他投融资渠道；政府在 REITs 成功应用于保障性住房领域起到关键作用。李炳恒和孙来梅（2011）等阐明了保障房建设的金融支持理论，针对当前建设保障房的筹资渠道问题，结合重庆公租房建设资金筹集的"1+3"模式进行分析，他们这一研究运用了事件研究方法，最后还构建了一个金融支持系统。唐志新（2011）从融资政策支撑为出发点，从信贷资产收益率较低、抵押担保有难度、融资渠道较窄和现金流不能有效覆盖风险等方面，分析了保障性住房融资困难的问题。还有研究认为应该建立相关公司专门为政策性住房金融提供保险或者担保。姚金楼和卢建明等（2011）以常州和泰州市住房建设融资模式为例，认为需要优化贷款的方向，使其主要向中低收入群体倾斜，还要设立为住宅提供保险的保险公司以及提供担保的担保公司。

（四）保障性住房市场性融资模式的研究

目前，在保障性住房市场性融资模式方面，REITs 模式（Real Estate Investment Trusts，即房地产信托投资基金）、BOT 模式（Build-Operate-Transfer，即建设－经营－转让）、PPP 模式（Public-Private-Partnership，即政府和企业合作）等融资模式日益成为社会关注的焦点。

关于 REITs 模式。黄成娟（2008）分析了 REITs 模式，认为拓宽廉租房融资渠道方面，可以应用该模式。一方面，REITs 的收益比较稳定、REITs 的投资主体逐步形成，机构投资者是一个主要投资主体，同时大量的中小投资者有比较充裕的资金。另一方面，由于廉租房 REITs 在收购现有存量房的基础上，可以促进住房租赁市场的健康发展，其存量市场可以稳定市场价格，因此，REITs 可以稳定房地产市场。赵以邗（2010），李静静和杜静（2011）研究了我国保障房融资中使用 REITs 是否可行；此外，还对 REITs 的运作模式进行了探讨。于树彬和武庄（2011）分析了我国目前保障房融资现状，在此基础上，认为应该通过扩展信托投资基金（REITs），多样化的融资渠道、培育多元化的融资主体，组建保障房投融资公司支持等措施来解决融资困难的问题。周义和李梦玄（2011）阐述了公租房的 REITS 模式，其认为要加大政府部门对 REITs 的税收优惠力度，REITs 的资金来源应该来自社保基金与大型投资机构等。

关于 BOT 模式。巴曙松等（2006）提出应该让私人机构加入廉租房建设融资，应采用创新的金融工具，引导社会资本的注入；摒弃政府直接主导型融资的僵化性，建立灵活的政府主导型的市场化运作机制；同时提出应充分利用政策优惠引入 BOT 模式、吸收民间资本、房地产证券化、融合城市经营以及项目融资等创新趋势。金秋萍（2008）通过 BOT 模式，分析了创新廉租房等住房体系融资模式的问题。认为部分地方政府应组合卖出特许经营权、广告权、城市规划用地等资源，发挥市场的作用，将所获得回报用于建设保障住房以及城市开发。张宇新和刘伟（2007）、孙娜和董晶（2011）等主要对此研究了 BOT 模式在廉租房上运用。除了廉租房外，李德正（2010）运用定性和定量的分析方法，从我国国情、市场经济的需求、国家政策和公租房的性质等角度出发，提出建设公租房使用 BOT 融资模式的可行性。刘方强（2011）等认为 BOT 融资方式也可以用于公租房的建造。

关于 PPP 模式。陈德强（2011）的研究借鉴了廉租居住房的 PPP 融资方式，探索了公共租赁房 PPP 融资的流程；还对这一模式下的保障措施和定价机制实行了分析。

还有一些研究是借鉴国外的融资模式。熊国平等学者（2009）认为最适合我国的廉租房建设融资的是 PPP 融资模式；他们分析和比较了新加坡、英国、美国、韩国等的保障房融资经验，得出了三点启示：混合居住的区间导向、市场化的资金运作、多样化的政策支持，其中第二点最重要。接着提供了多项融资渠道建议，即 PPP 融资、项目融资、资产证券化等。杨赞和沈彦皓（2010）通过借鉴国外的一些成功经验，以政府在建设保障房过程中发挥的功能为基础，为我国政府解决保障房融资问题以及明确职责提供了启发及建议。

（五）保障性住房其他相关研究

关于保障房融资中担保机制构建的研究。汪利娜（2003）的研究从制度建设开始，认为从根本上建立住房保险制度，健全抵押担保机制，是防范保障房金融风险的重要措施。陈杰（2011）认为可借鉴荷兰的经验，提议政府部门应尽快建立公共住房融资担保公司，同时，认为在目前的财政体制下，地方财政收入不合适为保障性住房贷款做担保，一旦出现担保行为，地方如果出现债务危机和坏账，必然引发资金偿付风险。

关于在保障房供给模式方面的研究。很多文章中都提出了应该建立多层次、长效性的保障房体系，按照保障房提供对象的划分，有两用房、廉租房、公租房、经济适用房等多种保障性住房。向寿生（2004）采用对用私房、旧房回购、BOT兴建、公房认定、廉租房集中兴建等供房模式进行了优势和劣势方面的对比分析。沈志英（2011）探讨了我国公租房的商业运营方式，还借鉴了香港领汇模式的成功经验。

对保障房融资模式的分析，有利于解决建设保障房时所面临的融资困境问题，对保障性住房制度的建立和健全具有较大的理论意义与现实意义。但是应该注意的是，保障房建设在国内起步较晚、发展时间不长。相关的理论研究主要涉及保障性住房方面浅层的问题，还不够深化。这样出现的问题是，我国拓宽保障房融资模式时缺乏理论上的指导。目前我国学者在此方面的研究有待随着制度改进和时代发展做进一步的深入，因此，关于保障性住房融资方面的研究还需要在实践上的进一步深化。

国外关于保障房的经验对我国保障房融资模式的探索有着一定的启发性，并且各国城市的特点不同、发展上也存在较大差异。因此，有些模式并不符合我国的现状。如何借鉴发达国家的保障性住房融资的先进经验指导中国的实际，从而探索具有中国特色的保障房融资模式，这是本研究努力的方向。

1.3 研究方法和创新之处

1.3.1 研究方法

本书运用理论和实践研究相配合，采用了资料和案例分析法、对比研究法、规范与实证研究相结合、文献研究法、演绎与归纳分析相结合等研究方法进行了系统的分析与逻辑归纳。

（一）文献研究法

本书通过一系列的文献研究，对国内外保障房融资的相关理论进行阐述和吸收。在保障性住房融资模式的有关理论基础上，进行了深入的理论研究。并且通过日本、英国、美国、德国以及新加坡等国家住房保障融资模式的经验研究，为本书的创作提供理论上的指导。

（二）对比研究法

各国和地区为了解决收入较低家庭的居住困难，使用了许多的公共住房政策和制度，并且取得了一定成果，尤其是这些国家或地区在建立和完善融资模式的方面对我国有较大的借鉴作用。本书通过对比研究，对新加坡、日本、德国、英国以及美国住房保障融资模式的相关政策与融资特点进行了比较分析，为本书创新融资模式以及建设配套政策和制度起到了重要的借鉴作用。

（三）资料和案例分析法

本书研究保障性住房融资模式时，着重资料和案例的分析研究，注重实践与理论的相结合，通过大量搜集融资模式相关资料和案例，将融资模式的分析工作与大量的实际案例相结合，还根据实践中不断丰富和完善的理论成果来探索我国保障性住房融资的新型模式。

（四）规范和实证研究相结合的方法

本书不仅注重对国内保障性住房融资的实际情况进行分析，还试图把规范分析方法建立在真实可靠的、具体的实证研究基础上。首先通过系统整理融资模式相关的理论，在吸收国内发达国家保障性住房融资理论与实践的基础上，结合我国状况和在实践中遇到的融资困境问题，使用规范分析时注重和实证研究二者相结合，使得研究结果具有可操作性，并使结论对政策具有一定的应用价值。

（五）演绎与归纳分析相结合的方法

本书通过大量的文献分析、相关的理论分析，对我国保障性住房融资的相关问题进行了演绎，在此基础上归纳我国保障性住宅融资的实际状况，以及资金需求状况，归纳保障性住房融资难的原因和存在的问题，本书还通过对发达国家保障房融资模式的经验进行了比较和分析，归纳出适合我国保障性住宅融资模式的可用之处。

1.3.2 可能的创新之处

我国保障性住房发展的时间并不长，在拓展保障房融资渠道时的有关指导理论缺乏，相关的理论研究仍然不成熟，尚处于发展阶段。当前，国内学者在关于我国保障房融资的研究还有待在实践的基础上进一步改进和深化；同时，国外保障房融资模式的研究尽管对于我国具有一定的借鉴作用，但由于各国城市的发展存在很大区别，他们有些做法并不符合我国的基本国情。因此，本书试图探索适合我国保障房融资的创新模式，可能的创新之处有以下几个方面：

（一）着眼于保障房属性和我国国情

本书着眼于保障性住房的公共属性和保障作用的特殊性，以及中国保障房的初级阶段特征，在充分借鉴有关国家保障房融资成熟经验的基础上，试图寻求适合中国保障性住房发展特征的新型融资模式。

（二）注重理论依据和国外经验借鉴

本书以金融制度创新理论、博弈论、公共产品理论、利益相关者理论、项目区分理论等为理论依据。在此基础上进行保障性住房融资模式设计，并且确立在不同的模式中，政府部门的作用及职能，一定程度上拓展了本研究的深度。结合我国现状和国外发达国家保障性住房建设的先进经验，对我国保障性住房存在的融资困难问题进行深入分析；针对我国现实情况，尝试将项目融资方式和法人机构融资应用到保障性住房融资进行分析。

（三）强调政府主导性和多渠道融资

我国的保障房融资首先要强调政府部门的主导和引导职能，把政府部门的财政支持作为当前保障房融资的一项重要的来源。同时，依托政府力量来探索多元化的融资方式，如创新项目融资模式、扩大资金来源渠道、设立专门的融资机构等，对我国保障性住房建设融资提供建设性意见。

（四）强调法律支持和建立监督机制

融资模式作用的扩大和发挥，要求配以完善的法律保障体系。鉴于此，政府部门应从宪法、专项法律和管理办法等多个层面，构建完善的保障性住房法律体系，为保障房融资和建设的进行提供保障和支持。当然，法律制度更多的是一种规范和指引，改善保障性住房资金困境和探索保障性住房融资方式，还需要建立完善的监管机制和激励约束，在吸引资本的同时，规范市场融资行为，才能保证各种融资模式效益的充分发挥。

1.4 研究思路和框架结构

1.4.1 研究思路

本书通过收集和整理大量相关资料，运用管理学和经济学的基本原理，将理论研究与我国国情分析有机结合。采用文献研究法、对比分析法、资料和案例分析等研究方法。在介绍保障性住房建设的相关理论以及介绍国内外保障性住房融资的现状的基础上，突出政府主导性和强调保障房多种融资方式的可行性以及必要性。对融资模式进行了深入分析和讨论，然后试图提出针对改进我国保障房融资方式的政策建议。本书的遵循的研究思路与主要内容包含以下方面：

第一章是绪论。主要论述了本研究题目的背景、理论作用与实际意义，并在国外及我国学者有关保障性住房融资的研究动态进行了回顾和简单述评，在他们的研究成果基础上，提炼出本书明确的基本框架和研究内容。

第二章是相关理论分析。首先对保障房融资的概念进行了界定，并对融资理论进行了梳理和综述，在此基础上，对房地产开发融资的主要方式以及各融资方式的适用性进行了整理和分析，本章最后提出了保障房融资模式的基本分析框架。以理论分析为前提，为后文的撰写打下基础。

第三章是国外保障性住房融资模式的分析和借鉴。本书期望通过借鉴一些发达国家和地区的保障房融资的经验，以便获得对我国保障性住房融资模式的启示。先对保障性住房融资的新加坡模式、德国模式、美国模式、日本模式、英国模式等进行了总结和比较分析，然后讨论了对中国保障房融资模式的借鉴作用。

第四章分析了我国保障性住房融资的现状。本章首先对保障房定义以及分类、特征进行了界定；然后对当前我国保障房的融资模式与存在的困境及主要问题进行了探讨，找出我国保障性住房面临的最主要的困境：一是融资渠道单一，二是资金严重短缺；最后介绍了我国保障房与普通房融资的主要区别，分别从融资渠道的区别和两者的收益及风险的区别两方面进行了阐述。

第五章讨论我国保障房融资难的原因。分别从供给和需求方面的原因、制度方面的原因、法律法规方面的原因、监管方面的原因四个方面进行了全面的分析。

在前文分析的基础上，本书的第六章安排了我国保障房融资模式的分析。本章提出了适合我国保障房开发的融资方式，并对各类融资方式进行了比较分析；本章还从棚户区改建房的融资、两限房和经济适用房的融资、公共租赁房和廉租房的融资三个大的方面对不同类型保障房项目融资的适用性选择进行了分析和讨论。

第七章提出了改进和健全我国保障性住房融资模式的策略与建议。针对我国现实情况，一是应充分发挥政府在融资中的主导作用，探索多元化的融资方式；二是进一步构建相关法律保障系统，确立系统配套的支持政策；三是建立有效的激励机制和风险分担机制，健全严格的监管机制。

最后的第八章是本书的研究结论、研究不足之处及研究展望。

1.4.2　框架结构

本书遵循以首先提出问题、然后针对提出的问题进行分析、最后解决问题这一思路。本研究的结构安排如图 1 − 1 所示。

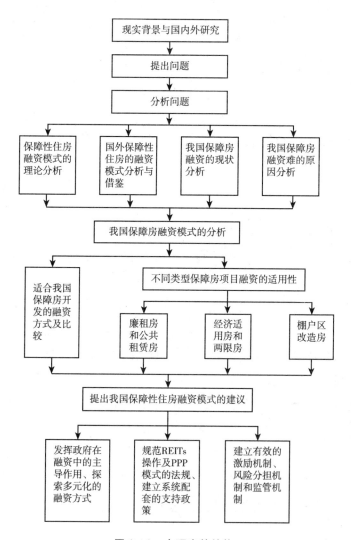

图 1 - 1　本研究的结构

| 第 2 章 |

保障性住房融资模式的相关理论

2.1 保障性住房融资模式的有关概念界定

在解决中低收入家庭住房困难问题的时候，首当其冲的自然是政府部门。政府部门承担起了最主要的社会责任，经过统筹规划建设保障性住房。尽管学术界和各国政府对于保障性住房的解释各不相同，但保障房的主要性质基本相同，实际上就是政府当局统筹规划下针对低收入住房困难群体实施分层保障过程中所供应的住宅，这些住宅限制租金高低、供给对象或出售价格，具有社会保障的性质。对于不同类型的保障性住房来说，它们具有不同的经济属性和特征，可以采用不同的方式来筹集资金。因此，通过了解不同类别保障性住房的内涵，以及理清保障性住房的基本概念，有助于确定创新保障性住房融资模式的目标和重点。

2.1.1 保障性住房的概念界定及其种类和特点

（一）保障性住房的概念界定

尽管长期以来保障性住房得到许多学者专家的研究和持续关注，但是，对于保障性住房的界定到目前为止还没有完全统一的定义。在相关政策中，我国各省市对保障性住房进行了界定。如：《北京市保障性住房管理办法》中认为：保障性住房是指由政府提供政策支持，面向本市中低收入家庭等群体出售或出租，限定户型面积、租金水平、供应对象的住房。各政策中虽然表述不同，但在保障性住房价格、保障性、保障范围和政府干预等方面都有着很多的共同点，因此本质上异曲同工。因此，可以认为保障性住房是指针对城镇中、低收入家庭，由政府统一指导和规划，同时限制住房租金的高低、供给对象、售出价格一集建筑规格，在社会中可以起到保障作用。通常由限价商品房、公租房、经济适用住房以及廉租房等构成。这类住房国际上也称为"公共住房"。如中国香港地区的公屋（包括居屋与廉租屋），美国的公共住房（public housing），新加坡的公共组屋（也叫作政府部门组屋），日本政府的公团住房与公营住房等。就当前来说，国内住房保障系统有四个主要种类，分别是：廉租房、公共租赁性住房、经济适用房以及限价房。根据"十二五"规划，我国在此期间将强化使用监管，大规模推进保障性住房安居工程建设。进一步加强对廉租房与经济适用房的管理，重点发展公租房，适当提高廉租房在中西部地区补助标准，逐步使政策性公共租赁住房的建设和发展成为保障房的主体。我国保障性住房融资体系见图 2－1。

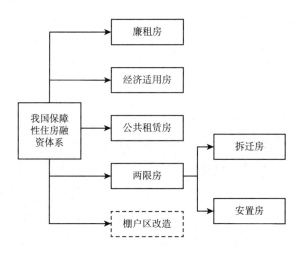

图 2－1　我国保障性住房融资体系

（二）保障性住房的种类

1. 廉租房。

廉租房，是具有社会保障功能的，由政府部门为城镇中住房困难的群体、同时还满足最低生活保障标准的居民供应的一种租赁性住房。廉租房的供给对象为城市最低收入者，凡是符合廉租房供给要求的，由家庭或自身向政府部门提出报名申请，并通过有关政府机关核实批准落实以后，则可以按政府核定的低租金租赁廉租房或是领取一定的租金补贴。从分配形式来看，廉租房主要是通过租金补贴，辅助方式可以是租金减免和实物配租。由于廉租房只用于出租不用于出售，因此，租赁用户并没有产权，房屋所有权归国家所有。廉租房制度是有效解决中国城镇低收入家庭住房困难问题的一条重要途径，也是中国住房保障体系建设的重要制度安排，还是中国保障性住房体系中非常重要的组成部分。

2. 经济适用房。

经济适用房，是指依据国内住房建筑标准规划建造的，供应对象是中低收入住房困难群体，是具有社会保障功能的一般住宅，拥有适用性与经济性的特征。经济适用房销售价格为政府指导价，并且仅能够向满足条件的购买者销售，经济适用房在取得完全产权之前只可以用于自己居住而不得出借、出租、转售、闲置。出售价格方面，经济适用房应与当地经济发展水平和当地中低收入居民收入相协调，开发商的利润率大概相当于当地商品房市场价格的 20% ~ 30%，出售价格大约相当于当地普通商品房的 50% ~ 70%，经济适用房的居住者在 5 年内不得出租或出售住房，住房满 5 年可以上市交易。

3. 公共租赁房。

公共租赁房是一种新型的保障性住宅形式，是为城市中收入中等以下的居住困难群体供应的一种保障性住宅，是为解决买不起商品房同时还不满足廉租房申请基准的"夹心层"群体提供的一种住宅。"夹心层"是指动用家庭收入无力购买经济适用房，但家庭收入又高于享受廉租房标准的群体，包括城市中等以下收入的住房困难群体，以及满足条件的外来打工族、新就业工人和刚毕业的大学等。公共租赁住房在产权上并不属个人，而是属于政府或者公共部门。公共租赁住房用承租者负担得了租赁价格，或是比市场低的价格向新的从业人员出租，这些人员包括从外地搬迁到城市工作的员工，还有一些刚就业的大学毕业生。有条件的地区，可以将有在城市居住达到一定年份、同时有固定工作的外来职工以及新就业职员纳入供应范围。

4. 两限房。

两限房，又称限价商品房，是指政府部门为解决居住困难的中等收入群体而推出的限房价与地价的保障性住房项目。限价房使用政府监管、市场化运作的方式，根据"以房价定地价"的思想，限制销售对象、销售价格和建设标准的商品房。限价商品房的出售价一般低于商品性住宅，但高于经济适用房的售价。与经济适用房类似，限价房的供应对象应遵守以 5 年为限的转售条件，而且必须满足相关限制条件。两限房经当地地方政府部门批准，在限制出售价格、限制套型比例的前提下，通过竞房价和竞地价的模式，通过招标方式确定住房项目规划建筑单位。依据合同规定的基准由中标的单位建造，向适合条件的中等收入家庭按照规定的价格出售中小户型、中低价格水平的商品住宅。两限房的供应对象包括：一是棚户区改造工程结束后定向购买的拆迁户；二是有一定购买能力但是又没有解决实力购买商品房的中等收入居民。

5. 棚户区改造工程。

棚户区改造工程是国内政府部门实施的一项民心工程，工程的目的在于解决城镇一些家庭或群体的居住困难问题，对他们的原有破旧住宅或危房进行的一系列改造。棚户区家庭是我国保障性住房规划涵盖的主要群体。但是，一般来说，棚户区不归类为保障房，但是其改建是保障房建造的重要组成部分。棚户区改造完成之后，依据供给对象一般会分为：中小套型商品房、经济适用房以及廉租房等。棚户区分为国有垦区棚户区，国有林业棚户区，国有煤矿或工矿棚户区，城市棚户区四类，其中城市棚户区大概占65%。棚户区改造建设的流程，与城市一般拆迁安置类似，但由于其改造公益性、政策性强，政府除了一般会在资金与政策上会给予必要支持，还要发挥组织引导作用。

表 2-1 为这五种保障性住房的比较。

表 2 - 1   廉租房、公租房、经适房和两限房以及棚户区改造的比较

类型	廉租房	公共租赁住房	经济适用房	两限房	棚户区改造
对象	城市最低收入并且住房困难家庭	城市收入处于中低水平且住房困难的群体、在城市居住一定年限并有固定职业的外来打工族等	中等偏低收入且住房困难家庭	中等收入住房且困难家庭	住房条件困难家庭,居住在棚户区
产权	所有权属于政府,只有租赁和使用权	一般由公共机构所有或政府所有	有限产权,但达到条件后可取得全部产权	有限产权	有限产权
保障方式	货币补贴或实物配租	实物	实物	实物	货币补贴或实物
房源筹集	土地划拨、坚持集中建设和商品房、经济适用房、棚户区改造,以配建为主	以商品房配建为主,面向相关园区就业人员,引导开发区等投资主体建设公共租赁住房	以土地划拨和集中建设为主,主要建设在远郊、主城区边缘	在限制房价和套型的基础上,采取竞房价和地价的办法。用招标方式给开发单位	国有垦区棚户区,国有林业棚户区,国有煤矿或工矿棚户区,城市棚户区
限制	单套面积在50平方米以内;不能出售只能租赁;再购买其他住房的,应办理有关退出手续	单套面积在40平方米左右,租赁期一般为3~5年,不能出售只能租赁	单套面积60平方米左右;取得产权之前,只能自住;已买经济适用房、再买其他住房的,应办理退出手续,或者补价取得完全产权	单套面积在90平方米以内,价格由政府将地售予开发商时确定;买方须遵守类似经济适用房的转让要求,并达到规定的准则	与经济适用房类似,棚户区改造区域居民获得的棚户区安置房转售限制
运营模式	只租不售,政府建造完,以较低租金给居住困难家庭或进行现金补贴	政府确定租金,并按年度实行动态调整	以政府指导价出售	以房价定地价,限价出售,政府组织监管,	实行政府补助,个人出资和企业投资相结合的方式

（三）保障性住房的特点

保障性住房是政府部门限制供给对象,对中低收入群体实施社会保障中所供应的住房,总体来说,具有以下四个特点:

第一，正外部性。保障性住房不仅具有消费的正外部性，而且还有生产的正外部性。它的建设有利于维持社会的安定和促进城镇化进程，可以提升我国低收入群体的生活质量和居住环境，保障性住房项目的实施，可以使低收入群体及周边居民获益。第二，准公共产品。依据公共产品理论，任何人对其都不会影响其他人对保障性住房的使用的消费，因此保障性住房可以归为准公共产品的范畴。第三，价格的低廉性与非营利性。保障性住房的价格低于平均市场水平，主要是依据低收入家庭的可承受的范围而定的，因此它的建设是一项公益事业。第四，政府干预。保障性住房由政府部门推行，由于它的福利性和非营利性，这就决定保障性住房的建设、营运和管理等应该有政府部门的干预，并且在政府部门的监督之下。

四种保障性住房的供应体系是相互不同的，它们的特点分别如下：

廉租房通常拥有三个主要特点：首先，廉租房的产权归政府所有，廉租房住户无产权，所以，廉租房的住户无继承权。其次，低租金性，廉租房全部用于出租，提供对象是低收入并且无力购买商品房的群体，因此，租金相对低廉。最后，社会保障性最为显著，廉租房不同于商品房和经济适用房，是解决社会金字塔结构中最底端和最困难群体住房问题的主要方式，它具有一定的社会福利性质。

经济适用房拥有适用性和经济性两个特征。适用性是房屋的规划和建筑标准符合基准，可以满足大多数中低收入家庭对居住房的要求，经济性是指住宅价格与当时的市场价相比而言并不贵或是适中的。此外，依据有关国家政策，由政府部门划转经济适用房的土地，会相应的减免费用，建设商利润也应该保持不超过3%。微利性、低税费与零地价，成为经济适用房的三大基本属性。

公共租赁住房的基本特征可以概括为三个方面：第一，保障对象的限定性，公共租赁住房有严格的准入条件，并且保障对象具有特定的范围；第二，廉价性和非营利性，公共租赁住房的运行应该严格安装"保本微利"的原则进行，因而具公共租赁住房有廉价性的特点，此外，公共租赁住房的政策性决定了它的非营利性；第三，政府的干预性，公共租赁住房是由政府出资或是企业单位尤其是用工单位和政府合作建设的保障性住房，无论是出于何种形式，政府部门的职能都是非常突出的，因此，公共租赁住房的规划建设都应该在政府部门的干预下。

两限房虽然拥有保障性住房的基本性质，但仍然是属于商品性住房，在特征上与经济适用房有一定的区别。限价房是政府利用行政方式推行的硬性规定，与其他类型的保障性住房相比，它在建设土地获得时，政府从源头上对房价进行了调控，被政府采用一定的方法限定了销售对象、房屋价格、建设标准，并且开发商没有权利更改。

2.1.2　融资的概念界定和融资理论

（一）融资的概念界定

融资就是指资金融通。通常有广义与狭义的区别。广义的融资是指资金的融通，包括货币和信用的流通以及相关的资金运动，资金通过各种各样的渠道和方式在不同主体间实现相互融通和调剂，构成了融资方式的最基本内容。狭义的融资是指公司或其他部门，通过科学的方式来预测资金需求，根据自身的战略规划、财务状况和生产经营，并采用一定的方式和渠道筹集资金的过程。

融资可以分为间接融资和直接融资。间接融资是通过金融中介机构，资金的盈余方提供资金给资金的赤字方进行的融资行为，如企业向信托公司、商业银行进行融资等。直接融资是个人、公司以及政府机构，直接以盈余方的身份向赤字方进行的资金流动行为。资金直接投给消费、投资及生产，其中没有金融中介机构参与，上市通常是最常见的直接融资方式。一般来说，公司融资有四种，包括债券融资；贸易融资和内部融资；政策融资和项目融资；股票融资。其中公司最为常用的融资方式是发行债券以及银行贷款等。项目融资也是比较流行的融资方式，以所有者权益、预期收益或者项目资产作质押品取得的一种有限讨还权或无讨还权的贷款或融资行为。具体的融资方式见表 2 - 2。

表 2 - 2　　　　　　　　　　**融资分类与融资方式**

融资的分类	具体的融资方式
股权融资	增资扩股融资、杠杆收购融资、投资银行融资、风险投资融资、境内上市融资、海外上市融资、产权交易融资、买壳上市融资、股权转让融资
债权融资	海外银行贷款、金融租赁融资、债券发行融资、境内银行贷款、信用担保融资、民间借贷融资
项目融资和政策融资	IFC 国际融资、产业政策融资、项目包装融资、专门资金融资、高新技术融资、BOT 项目融资
内部融资和贸易融资	贸易补偿融资、票据贴现融资、资产管理融资、资产典当融资、商业信用融资、留存盈余融资、国际贸易融资

（二）融资理论综述

一些发达国家和地区的房地产金融市场更繁荣，可选择的金融工具范围很广，因此关于住房融资的探索偏重于融资结构，希望用最优的融资结构来选择融资方式。其理论依据主要是 MM 理论、优序融资理论和平衡理论。我国的资本结构理论研究经历了一个内容从简单到复杂，范围从小变大的过程。这些研究的关注点主要集中在公司融资偏好、公司融资制度、公司资本结构的影响因素以及公司治理四个方面。国外融资理论研究综述包括早期融资结构理论与当代公司融资结构理论。

1. 早期的融资结构理论。

早期的融资结构理论主要有净经营收益理论、传统理论以及净收益理论，是美国经济学家大卫·杜兰特提出的。净收益理论的主要观点是企业利用债务资金是有益的，如果实现其市场价值最大时，企业使用的债务资金达到百分之百。净营业收益理论认为资本成本和资本结构二者与企业价值没有关系，因此最优融资结构是不存在的。传统理论的观点介于上述两种思想，认为企业能采用财务杠杆使得加权平均资本成本变低，并且使得企业总体价值上升。这样，对于每个企业来说，都存在一个资本结构的最佳值；但财务杠杆的利用经常伴随着财务风险，从而引起权益资本成本和债务资本成本的提高。可以知道，净收益理论尽管强调财务杠杆，但忽略了财务的风险作用，净经营收益理论则对财务风险的作用过分进行强调，传统理论又忽视了权益资本成本与负债比二者的联系，而且三种理论都是基于经验判断，没有通过统计上的数据支持或是严格的数学式推导，是相对不成熟的理论。

2. 现代融资结构理论。

现代融资结构理论中最有影响力的理论包括代理理论（Agency Theoretic Framework）、优序融资理论（Pecking Order Hypothesis）、生命周期理论（Life Cycle Theory）和静态权衡理论（Static Trade of Model）。

（1）静态权衡理论。

莫迪利安尼和米勒（Modigliani & Miller）撰写了关于资本成本、公司价值以及资本结构的研究报告，提出了 MM 定理。他们运用了套利原理，证明在一系列假设条件下，这些假设前提包括：公司税率为零、资本市场无摩擦、没有破产成本和公司分裂成本、所有公司都处在一样的风险级别、并且公司外部人员和内部员工可以得到相同的信息等。他们得出：公司的资本成本与资本结构（负债和总资产的比例）无关，也就是说，工资价值和资本结构没有关系。如果公司缴付税收，那么资本成本将随着负债的增加而稳定下降。在负债比达到百分百的情况下，这将实现价值最大化（只要负债没有风险）。在此基础上，迈耶斯（Myers）认为，企业的选择会在其对收益的考虑以及支付债务利息带来的成本之间考虑，因此，企业会在其经营目标的基础上选择其资本结构。在他们的研究上，有的学者不断对严格的假设条件放开，进行了一系列的理论创新。但是，这些理论没有对公司达到最优资本结构的方法进行扬弃。这些理论都是以资本市场不存在摩擦为前提，进而考察的融资结构和公司价值的。由于资本市场上融资具有一定的门槛，而往往满足条件的只是规模大的公司，中小型企业的所有权和经营权关系相结合，二者不存在分离，这样就没有代理问题。因此，在 MM 理论基础上发展而来的一系列融资理论用于对中小企业的研究将是不恰当的。

（2）优序融资理论。

优序融资理论认为，当企业进行融资选择时，其理性方式是对于不一样资金来源渠道，依据成本最小的原则进行选择。先是考虑内源融资方式、然后再外源融资方式；在外源融资方式的选择当中，又总是先通过负债或者发行债券融资、然后才考虑股票市场融资。迈耶斯对之前的研究进行了分析和总结，提出了这一理论。这个领域主流的最优融资理论通常使用均衡方法，经过对比，发现优序融资理论会更为先进，因为其考虑了信息的问题对融资结构的作用。但该理论对企业在发展进程中资本结构产生的动态变化规律无法解释，它重在说明在一定制度限制下，对增量资金的融资活动是短期性质的。

（3）代理理论。

代理理论是指公司需要对一些其他的融资成本与代理成本做出选择，即外在投资者和公司内部可能潜伏的矛盾对最优资本结构有决定作用。对于大小不同的公司，它们对信息传递和代理成本问题的思考可以说是大致相同的，区别在于规模小的公司存在更为严重的信息不对称问题，这对企业的融资条件和融资能力将产生较为重要的影响，因此由于信号传递方面的思考影响到企业的在融资方面的需求。

（4）企业金融成长周期理论。

韦斯顿和布里格姆（Weston & Brigham）在 20 世纪 70 年代提出了企业生命周期假说。在此基础上，伯格（Berger）等用融资问题与这一假说融合，发展出企业金融成长周期理论。这个理论一个核心观点是在企业的发展过程中通常有一个金融成长周期。随着企业的不断成长，信息透明度的提高、业绩的提升和经营记录的增加，企业的融资选择与资金需求也会慢慢发生变化。企业金融成长周期理论不过是对企业融资方式的一种表述，信息不对称程度和企业的存在时间、企业规模等因素并不是完全关联的。因此，尽管这个理论与小企业的融资问题有关，但它并不适合用于解释全部小企业。

2.1.3　保障性住房融资模式的概念界定及其特征

（一）保障性住房融资模式的概念界定

融资模式所涉及的主体往往很多，方式多样，渠道复杂，因而是一个较为复杂的概念。一种好的融资模式不仅可以有效地筹集到资金，更是一种有效的管理运营技术方法。融资模式指的是各种不同融资方式的相互配合。一般来说，一种融资模式通常由一种（或者好几种）融资形式为主、以其他融资形式为辅助，这样可以使得多种融资方式共同结合，一起产生影响。保障性住房融资模式是指以资金筹集为主要目的，由多元化的融资方式和多样性的融资主体相结合而构成的一种有机系统。本书所指的保障性住房融资模式，是以筹集保障房建设资金为基本目的，由政府机构、金融机构、私人部门和其他投资者以及各种专业服务机构等多种参与主体共同参与、多种融资渠道相互结合、多种融资方式相互作用，从而成的一个复杂系统。通过探索和创新保障房融资模式，降低或者减少保障房投资以及融资过程中不必要的损失，促进潜在的、现有的资源和禀赋得到有效利用和配置，从而为保障房融资提供充足的资金保障。

住房保障资金是指依据政策规定筹集并用于保障房建设的专门资金。由于境内的金融工具仍然在发展中，相对于国外发达国家的融资渠道，国内保障房建设融资的渠道还十分有限。目前，我国保障性住房的建设资金主要来自四个方面：第一，政府部门财政预算安排的保障性住房资金；第二，从金融市场获取社会闲散资金，主要包括获得商业银行或者政策性银行贷款、搭配建设的商品房销售收入、企业事业单位自有资金、发行债券等；第三，计提管理费与计提信贷风险备用金后的住房公积金所有的增值收益额；第四，土地转让产生的收入中得到的保障房资金。其中，用于廉租房建设的土地转让净收入占比不能少于10%；第五，社会捐赠及其他形式筹集到的资金。另外，针对我国中西部有财政困难的地区，中央对会中西部地区的保障性住房和预算内投资补助进行专项补助。

（二）保障性住房融资模式的主要特征

保障性住房融资模式主要有如下三个方面的特征：第一，资金需求量巨大。由于国内建造保障房的规模逐年扩大，这样存在保障房建设项目的资金缺口，对货币的需求也在逐年上升；第二，目标明确。主要目标是为保障性住房项目的开发和建设有效地筹集到足够的资金；第三，政府主导。在保障性住房融资中政府一直占有主导地位。政府部门在保障性住房建造融资模式的有效运行、融资过程的各种指导和监管以及资金的供给等方面都发挥着至关重要的作用。

2.2　与住房市场相关的基础理论

2.2.1　住宅过滤模型概述

保障房问题的产生，一个关键因素在于住宅属于耐用品，但是，住房市场具有其自己的一些特征，如互动性、层次性、结构性等。国外许多学者通过构建住宅过滤模型和建立阶梯消费理论，在很大程度上已经将住宅市场的运行规律充分揭示，关于这方面的理论已趋于成熟。

（一）"过滤"理论的演变

为解释芝加哥的房地产市场，伯吉斯于 20 世纪 20 年代首次提出了住房"过滤"理论。当然，这里的"过滤"，不仅仅是对住房格局的讨论，它更多的是从经济学角度来考察住房市场运行模式。但是，在劳瑞于 1960 年对"过滤"现象进行全面阐述之前，人们对该理论的认识不清楚甚至是不理解。劳瑞认为，只有房屋本身才能被"过滤"，而各阶层的收入群体是不能被"过滤"的，所以房屋的老化及新建就成了产生"过滤"现象的根本原因。从这层意义上讲，住宅"过滤"现象的具体表现就是价格波动。

房屋是一种耐用品，正是房屋所具有的这种特性，构成了"过滤"模型的理论基础。这里的"耐用"是以房屋折旧为提前，当然房屋的正常使用已经考虑在内。在 20 世纪 70 年代以后，诸如斯威尼（Sweeney，1974）、欧赫尔斯（Ohls，1975）、布莱德（Braid，1988）等学者建立了几个典型的住宅市场"过滤"模型。其中，斯威尼在 1974 年所构造的"过滤"模型最终典型，也最为重要，它基于该模型，提出了一个非常重要的住宅经济学理论，并由此得出一系列重要的研究结论。具体来说，斯威尼首先站在生产的立场上，就房屋租赁市场的运行模式设计了一个模型，通过构造维修支出函数来分析房屋的耐用性，在房屋质量的损坏程度仅取决于维修水平的前提下，发现不同的房屋在使用时是能够相互代替的。斯威尼的模型能够用于房屋新建率、住房存量以及租金水平的问题。当然，斯威尼的模型第一次将房屋的耐用性和房屋质量状况一起纳入考虑在内，其得出的结论也具有很强的指导和实践意义。除了斯威尼的模型之外，欧赫尔斯在住宅"过滤"理论方法也颇有建树，它也提出了一个经典住房市场模型，即一般均衡住房市场过滤模型。

欧赫尔斯在建立模型之前，首先做出了三个假设前提：第一个假设前提是所有的住户都试图实现个人利益最大化，第二个假设前提是所有的住宅建造商也都试图实现个人利益最大户，第三个假设前提是住宅市场是一个完美竞争市场。在此基础之上，欧赫尔斯提出了一系列的一般均衡条件，并通过计算机程序来模拟住宅市场运行。欧赫尔斯通过模拟住宅市场运行发现，对低收入人群进行住房货币补贴所需要的成本，要远远小于政府直接为低收入人群建造房屋所花费的成本。应该说，欧赫尔斯的一般均衡市场模型所发现的这一结论，成为日后保障性住房政策制定的重要理论依据。

尽管斯威尼模型和欧赫尔斯一般均衡市场模型都对房地产市场的运行有了深刻的认识，但这两个模型也存在同一不足之处，即忽视了住宅的区域位置和发展水平两大因素，而布莱德所建立的单一中心经济增长住宅过滤模型，却克服上述两个模型的缺陷。具体来说，布莱德的单一中心经济增长住宅过滤模型也是从房地产开发机构的角度出发，在设定了收入、人口、建房成本、交通成本等条件并充分考虑住宅的区域位置和发展水平之后，得出了住宅密度、建房边界等。总体来说，住宅过滤模型能够定量判定住宅市场的结果，故而该理论发展速度非常之快，其应用范围也日趋广泛。

进入20世纪90年代后，住宅市场过滤模型已经开始倾向探讨住房福利问题了。例如，安纳斯（1997）就借助"典型芝加哥住房市场模型"分析了所得税、财产税以及住房补贴的各种影响，以此进行了卓有成效的预测。安纳斯（1997）的研究表明，单纯的探讨任何一个完全竞争市场中的房地产政策都是无效甚至扭曲的。阿诺特和布莱德（Arnott & Braid，1997）在前人研究的基础上，通过设定新的假设前提，也得出了一些重要结论。目前，阿诺特和布莱德所建立的模型，已经成功地诠释了北美洲地区旧房价格攀升的原因。

住宅过滤模型很多，但典型的也就上述几种。总体来看，这些模型普遍具有如下三大特点：第一，上述模型都是将新房与旧房捆绑起来一起考察，这样能够充分反映旧房数量与新房数量的作用，从而使预测的结果更具有现实指导意义；第二，上述模型都是基于真实住宅市场的运行规律，以住宅的耐用性为前提条件，从而客观地体现了住宅的使用寿命和循环周期；第三，上述模型都认为收入水平的差异对住房需求有着重要影响，故而上述模型都能够在住房供求结构问题探索中使用，这对于科学安排住房结构具有重大指导意义。

（二）对住宅过滤模型的解释

住宅过滤理论的一个重要考虑就是认为住宅是一种耐用品。显然，住宅是一种特殊消费品，其最大的特殊性就在于它可以在几十年甚至上百年的时间内发挥作用。所以，住宅存在着折旧问题。然而，住宅的特殊性还表现在它会因历史文化背景、地理位置、建筑风格等多种因素而成为稀缺品，而这些住宅不仅不会产生价值折旧，反而会有价值增值。当然，对于绝大多数住宅来说，折旧是客观存在的，其市场价格也是慢慢降低的，这就离不开支付一定的费用对其进行修缮，从而保证其价值的存在。住宅过滤理论就将上述因素即旧房市场中的因素充分考虑在内，并就各种住宅子市场的互动影响和住宅用途的转换路径进行了详细阐述。总体来看，住宅过滤理论认为"过滤"过程必然呈现出两大特征，其中第一大特征就是住宅服务数量的减少，第二大特征就是住户收入水平的下降。就前一特征而言，其根本原因在于住宅的有形损耗（如物理磨损）和无形损耗（如技术更新和建筑设计更新）所导致的住宅贬值；就后一特征而言，指的是收入水平下降的家庭，往往居住在被"过滤"的住宅中。

2.2.2 住宅阶梯消费理论

与住宅"过滤"理论相对应的另一种理论就是住宅"阶梯消费"理论。具体来说，住宅阶梯消费理论认为，不同的消费水平和消费能力要求与不同的住房质量相匹配，从中实现资源利用效率最大化或者是尽可能地避免资源浪费。基于住宅过滤理论，H. C. 怀特站在住宅市场的全局高度，对住宅市场的消费规律进行了更深入的分析。H.C. 怀特认为，阶梯消费在住宅市场中普遍存在。所谓住宅阶梯消费，指的是这样一种现象：收入水平的提高，催生了住房需求的高端化，而高端住宅往往是高等收入阶层所能消费的，这样高等收入阶层腾挪出来的空房由中等收入家庭消费，而中等收入家庭腾挪出来的空房再由低等收入家庭消费，由此形成了一个类似于阶梯状的住房消费结构，H.C. 怀特就将此住房消费结构定义为"阶梯消费"。当然，也可以从开发商的角度来解释住宅阶段消费理论，即开发商是最求利润最大化的，所以其更倾向于高端住宅开发，而高端住宅主要要高收入人群消费，故而开发商的目标客户主要是高收入人群。在这种情况下，中低收入家庭更多是在二级住宅市场上购买住房。如此，高收入人群消费高端住房，而中低收入人群消费高收入人群淘汰的住房，从而形成阶梯状的消费结构。总体来看，H.C. 怀特的阶梯消费理论可以分为三个层次：

第一层是住宅档次阶梯结构。根据收入水平的差异，住宅可以划分不同档次，并且每一消费水平对应一个住宅档次。这就意味着，住宅市场是多样化、层次性的，不同的消费群体都能够从市场中找到与自己实际条件相符合的住房。

第二层是住宅消费水平的阶梯变化。这种阶梯变化涉及两个方面，一方面是消费者本身的变化，具体表现为其收入水平的变化，必然导致消费水平的变化；另一方面是消费者之间的变化，具体表现为个人能力及机遇的不同所造成的消费者之间的收入水平和消费水平的变化。基于上述两种变化而形成多层消费，也就是住宅消费水平的阶梯变化。

第三层是住房消费时间的阶梯顺序。对于个人来说，消费特征是随着时间的推移而变化的，具体表现为各个年龄段的人都有自己独特的喜好，而且这种喜好也是不断变迁的。就每一收入水平的人群来说，他的消费行为就有时间特征，即最迫切需要、改善或投资且有实力的消费者先行购房，然后陆续跟进，这就形成了消费时间上的阶梯顺序结构。需要强调的是，消费时间上的阶梯顺序还决定了住宅市场的发展次序，从而形成非精确和很难完全重复的周期性。

2.2.3　住宅过滤与阶梯消费的实践意义

"过滤"模型的主要特征在于，住宅在使用期限上的长期性以及住宅所提供服务数量，会随着时间的推移而产生递延性（有时是递增，有时是递减，但往往是递减）。如果体现在住宅供给市场上，就是基于社会成员住房需求的基本平衡，改变传统的以住宅修缮或者新房建造为主的住宅供给机制，转而强调长期发挥旧房功效并倡导区别化供给和结构化阶梯消费，从而使各个收入阶层都能现有基本住房保障。如果体现在政府保障性住房建设上，就是要求政府向中低收入人群重点提供旧房来解决其住房问题；同时，为了放大财政补贴效应，政府补贴应该实现由政府直接出资建房向政府直接向住房人发放补贴转化。

在建设社会主义市场经济的过程中，个人能力、机会的差异，造成了居民收入之间的差距，应该说，这是市场经济发展过程中的必然结果。因此，在住宅市场中，不同收入阶层，其应享有的住房条件也是有差异的，即收入水平越高，其应享有的住房条件也就越高；而收入水平越低，其就应该享有较低水平的住房条件；其中就一部分低收入家庭而言，它还需要纳入到保障体系的范围内而享有政府扶持。这就是"过滤"所实现的住房供应体系架构。其好处是，以市场为配置资源的基础，强调效率优先并兼顾公平，使住房的使用价值分发挥。需要强调的是，这个架构的实现需要一个前提，即需要成熟的住房市场和基本平衡的供求结构。

2.3　与保障性住房融资相关的基础理论

本书对我国保障性住房融资模式进行研究时，使用到了金融制度创新理论、博弈论、项目区分理论、社会保障理论、利益相关者理论和公共产品理论（见图 2 - 2）。从本质上来看，如果要对保障房融资模式进行归类，那么，应该的归于一种金融制度创新。保障性住房的建设有政府部门、企业、银行、专门机构、私人等多层次利益相关者，根据项目区分理论，保障性住房属于准经营性项目。这就需要政府、市场和私人共同投资；此外，保障性住房还属于准公共产品，并且是社会保障的一项重要组成部分。

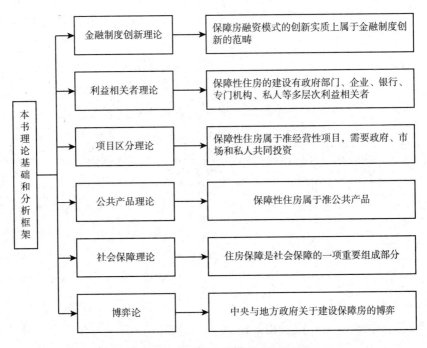

图 2-2　本书理论基础的分析框架

2.3.1　金融制度创新理论

（一）金融制度创新理论概述

金融制度是金融交易活动的管理、规则和组织安排，是一个国家经济和金融系统健康发展的前提，也是完善和健全金融市场的重要条件。而"金融抑制"却是阻碍经济可持续发展、降低经济效率、限制金融制度建立健全的重要原因，这种现象尤其在发展中国家普遍存在的。麦金农和肖（MacKinnon & Shaw）为代表的经济学家提出了"金融抑制理论"。他们认为，在发展中国家，普遍存在通过人为控制的低利率政策、严格的外汇管制手段以及对私人单位的具有歧视性质的贷款政策。这些国家为了得到经济的高速增长，往往以金融本身的发展为代价。这样带来的后果是，金融发展缓慢并且对经济发展产生了制约作用，这一现象被称为"金融抑制"。在许多发展中国家，这种金融抑制现象一般是政府对金融市场体系发展和金融机构发展的过于严格的干预和监视。麦金农和肖二人认为应实行"金融深化"来解决"金融抑制"问题，强调金融业发展的途径是多样化的金融机构和货币深化，为了达到资金的优化配置必须通过有效的市场竞争，并使政府部门减少对金融市场和金融体系方面不必要的人为干预和监视，促进金融交易量的增加。"金融深化"理论认为，发展中国家的存在市场机制发展不完全的问题，并且金融活动的深度和广度不够。因此，必须提高实际利率水平用来体现货币的需求与供给状况，减少政府部门过于严格的或者不必要的金融监管，充分发挥市场机制在金融领域的配置作用，大力提高金融市场的开放程度。同时，延迟消费的机会成本和替代现实消费的投资机会的功能，充分挖掘本国闲置资金，促进储蓄向投资的转化，增加投资金额提高投资效率，进而推动经济发展。

从新制度经济学的范畴来看，从金融抑制发展到金融深化，就是金融制度创新的过程。制度创新理论为金融制度的创新提供了基础，所以，金融制度创新应归于制度创新的范围。新制度经济学对金融创新研究较多，这种金融创新理论认为，金融体系中的制度改革是与经济制度相互影响的制度变革，这种制度改革可视为金融创新，金融创新是制度创新的一部分。因此，政府的干预方式所引起的金融制度改革，进行的金融改革如为拓宽融资渠道或金融市场稳定发展以促进经济发展，都属于金融制度创新；此外，由于市场机制发挥配置资源的作用引发的金融制度改革，如金融业务种类以及金融工具方面的发展和创新等，也归于金融制度创新的范围。

（二）在保障性住房融资方面的应用

保障性住房融资模式创新有利于内在制度的完善和建立，融资模式的创新实质上属于金融制度创新的范畴。目前，融资渠道单一正是限制我国保障性住房建设的最大问题之一，金融体系发展滞后、政府管制、狭窄的融资渠道等金融抑制现象严重制约着我国金融市场的发展和深化。进行制度的边际改进，建立新型的融资方式正是解决这一问题的所在。因此，把金融制度创新理论用作保障房融资的理论根据，明晰进行保障房融资模式创新的必要性，整理国内保障性住房融资的制度变迁，有助于对本论题提供理论支撑和研究思路。

2.3.2 利益相关者理论

（一）利益相关者理论概述

早在 1963 年，斯坦福研究所就建立了利益相关者理论的基本学说。他们认为，存在一群利益集体，如果没有这样的群利益集体的存在，企业会无法生存。20 世纪 80 年代，随着企业之间竞争的白热化和经济全球化，众多学者意识到之前的定义具有一定的局限性，因为之前只是单纯从"能否影响到企业生存"的视角定义了这一概念。1984 年，弗里曼（Freeman）提出了的利益相关者管理理论，这个理论认为简单地从影响股东利益和企业的视角去研究和讨论利益相关者是不确切的。该理论指出，企业所追求的不仅仅是股东和企业主体以及企业创造收益过程中所影响到的群体或个人的利益，应当是所有利益相关者的利益。因此，这些利益相关者包括企业发展过程中所涉及的各方人员。具体来说，利益相关者包括企业的职工、货物供应商、消费者、股东、债权人等，还包括环保人士、政府机构、新闻媒体、居民等，甚至包括自然生态平衡、人类的子孙后代、自然环境等企业生产和日常行为间接或直接作用的对象。有的利益相关者为企业的生产活动付出了代价，有的对企业产生了监督作用，还有的承担了一部分企业的运作风险。他们与企业的生存和发展是紧密相连的，企业的生产和经营活动必须接受他们的制约并且考虑他们的利益。

（二）在保障性住房融资方面的应用

将利益相关者理论运用于实践当中，必将有利于保障性住房融资模式的创新。利益相关者对其自身最大利益的追求决定并影响其他相关者的决策和行为，从而对制度创新产生影响。这样，有助于理解私人和政府机关在项目建造中的职能、职责与不同的参与者之间的联系。在筹集保障性住房建设资金的过程中，依据利益相关者理论，单靠政府部门的力量很难独立完成建设目标，而是涉及企业、银行、政府部门、专门机构、私人资本等多层次利益相关者的共同努力。

2.3.3 项目区分理论

（一）项目区分理论概述

项目区分理论认为，划分基础设施的类型应该依据项目资产收益的特征。根据项目区分理论，从能否让市场机制发挥作用的视角，即以投资的项目是否存在收费机制或者是否有资金流入，把投资项目分成经营性项目和非经营性项目两大类。针对不同的项目类型，采用与项目属性的投融资模式相适宜的形式。

经营性项目，是指存在收费机制即有资金流入，市场机制配置资源的作用可以充分发挥的项目。经营性项目的投资是价值增值的过程，项目的初始投资能够在项目运营期间逐步收回。这类项目按照利润大小，或是否可收回成本，又可以进一步划分为纯经营性项目与准经营性项目。准经营性项目的内涵一般处于纯经营性项目和非经营性项目二者之间，即可部分经过市场进行融资，但是必须要有政府部门的干预和支持，有一些收费机制，但是收费较低，不能完全得到投资成本，政府部门承诺投资者一定的投资收益，通过各种优惠补贴政策吸引私人投资者的投资。纯经营性项目是可以通过其运作营利，经过市场能实现资源的最优配置，有固定的投资回报，通过市场还可以完成融资。非经营性项目归于市场失灵的领域，不存在收费活动，也无法通过市场来融资，只能通过政府进行投资，比如市政道路类、高铁等基础设施建设项目。

根据项目区分理论，在市场需要量、投资收益以及收费机制等因素发生变化时，不同属性的项目可以相互转化，见图 2 - 3。因此，各种项目之间的区别并不是完全的。项目区分理论的最主要目的在于把市场投资与政府投资二者进行区别，构建市场与政府合理分工的投融资体系。对于非经营性项目，应由政府投资建设。对于准经营性项目，必须按经营性项目进行运作，在政府采取政策措施或给予补贴的支持下，招引更多的投资者。对于纯经营性项目，其投资主体应是市场投资者，在符合政策法规的前提下，可让其真正走向市场，可以通过公开竞标方式，由民营企业、私人企业、国有企业等多重投资主体进行运作，政府只发挥一定的服务和监管的职能，应逐步退出该领域。

图 2 - 3　项目区分理论分类与转化关系示意

（二）在保障性住房融资方面的应用

根据上述的项目区分理论的概述，我们可以看出，保障性住房具有较强的社会保障功能，并有稳定的资金流入，因此，保障性住房项目属于准经营性项目。但其收费机制又因不同类型的保障性住房性质而有所区别。通过以上的分析，保障性住房的投资主体既有社会也有政府部门，在价格制定上，政府也既考虑了公众的承受力，又考虑了投资方利益，属于准经营性项目的基本范畴。由于项目区分理论的最终目的是为了把政府投资与社会投资区分开来，以促使政府和企业各尽其能，各司其职，有利于提高收益水平和管理效率。

因此，对保障性住房融资来说，项目区分理论具有重要的指导意义。仅依靠市场更是无法调动市场的积极性，仅依靠政府的力量，很难有效率的完成这么大的投资工程。毕竟私人投资都是逐利的，仅依靠市场也无法调动私人投资者的热情，他们都以利润最大化为目的。在不能保证回收投资收益的情况下，对于保障性住房这种准经营性项目，私人投资者在没有政府扶持的情况下是不可能参与的。所以，保障性住房融资要求在政府部门的良好政策支持以及政府干预的情况下，吸引更多的私人投资者参与。这在理论上完全可行并且在实践中还可以解决效率低的不足，由政府全部提供保障房时可能出现的资金困难问题也会迎刃而解。

2.3.4   公共产品理论

（一）公共产品理论概论

公共产品，是使用上同时拥有非排他性与非竞争性的商品，非竞争性和非排他性是最基本的特征。根据公共产品的两个特征，西方学者将公共产品区分与私人产品、纯公共产品和准公共产品三种共同组成社会总产品，如表2-3 所示。公共产品理论认为，纯公共物品具有非排他性和非竞争性特征。在一定的生产水平下，增加一位社会成员对该产品的消费的边际成本为零；并且任意社会成员使用产品时候不能排除其他人使用这一公共品。私人产品既具有排他性也具有竞争性，准公共产品是居于两者之间具有排他性而不具有竞争性或者具有竞争性而不具有排他性的社会产品。

表 2-3   社会产品的分类

	排他性	非排他性
竞争性	私人产品	准公共产品
非竞争性	准公共产品	纯公共产品

公共产品理论从公共产品、私人产品和准公共产品分类的角度，阐述了市场和政府各自的责任范围。由于市场提高了资源配置的效率，可以更好地解决经济中的激励问题，还可以确定产品的收费机制和市场价格。因此，在私人产品的提供方面，市场机制提供私人产品往往比政府更有效率。而公共产品的非竞争性表明社会对公共产品的需求量巨大，非排他性说明收费机制很难确定，仅靠市场机制提供很难达到最优配置所要求的数量，解决问题的唯一办法就是政府干预市场。因此，公共产品应由政府直接提供，或通过招标合同委托私人部门来提供。对于准公共产品，可以由政府和市场共同提供，并且根据其公共产品性质的强弱来进行处置。如高铁、城市公共交通、收费的教育、公园、医院等具有很强正外部性的准公

共产品，可以为收回部分投资成本进行收费，其他费用则由政府补贴。（参见表 2 - 4）

表 2 - 4 三种类型产品的特征比较

产品分类	提供方式	基本特征	例 子
公共产品	政府提供，政府投资	共同消费；消费不易排他；有外部利益	城市道路、防灾设施、绿化、国防
私人产品	市场提供，向消费者直接收费	单独消费；消费易于排他；不具有外部收益	电信、自来水、电力、商品房
准公共品	政府提供或政府资助市场提供	单独消费；排他性和非竞争性；竞争性和非排他性；有外部利益	收费性的高速公路、城市公共交通

市场经常被描绘成"看不见的手"，但这只"看不见的手"并非万能的，有时会出现市场失灵的问题。也就是说，市场有时不能有效的依照人们的期望进行资源的配置。根据公共物品的两个基本特征，可以发现，市场普遍存在着"搭便车"现象，导致市场失灵。正是由于市场经济无法达到最优的资源配置，因而必须借助政府调控来进行纠正。因此，对于中国而言，政府角色的重新定位应在不断探索中前进，更应该符合中国的实际情况。这就需要逐步建立公平合理、依法、民主的制度安排，使通过公共产品导致的市场失灵现象确定政府职能范围变得有效。保障性住房等产品属于准公共产品，政府应当允许吸引私人进入并且最大效率的生产和供应准公共产品，提供这些产品作为自己职能的同时不应排斥市场的作用。因此，在准公共产品领域，市场机制和政府的合作等能够有效地解决"市场失灵"问题。

（二）在保障性住房融资方面的应用

保障性住房属于准公共产品。一方面，保障性住房由于规定供应对象标准，只能由住房困难的群体居住，具有不充分地排他性。另一方面，保障性住房利润非常低，具有非竞争性。从微观层面来看，保障性住房存在一定意义上的竞争性或排他性，对其享受成员的准入条件有一定的限制，例如保障性住房中的棚户区改造配建的商品房，这一类产品只供买得起的成员使用，具有较强的排他性和竞争性。因此，将保障性住房定义为准公共产品，各类保障性住房根据其运营模式、性质的不同应由不同的供给主体提供。

保障性住房的资金来源所界定的也就是供给主体的问题，即由市场投资以市场名义供给还是政府出资以政府名义供给。保障性住房不仅具有私人物品的性质，还拥有公共物品的性质，这种特征使得无论是完全用市场来生产，还是完全依靠政府部门提供，都是不恰当的。一方面，由市场提供和生产，虽然可以提高运营效率，但又可能产生新的市场垄断并且导致社会福利损失。另一方面，由政府部门供给，实现了政府向社会提供服务的职能，但不可避免的导致政府行政垄断和财政资金短缺带来的运营低效率；我国城镇低收入家庭数量多并且对保障性住房的需求量很大，仅仅依靠政府投资根本无法满足巨大的保障房需求，所以必须引进私人资本，政府可以通过一系列优惠措施和政策吸引私人投资保障性住房建设，保证私人部门一定程度的获利从而实现保障性住房的充足供给。

2.3.5　社会保障理论

（一）社会保障理论概述

从人类历史长河来看，社会保障（social security）一词出现的时间并不长，一般公认的是来源于美国在 20 世纪 30 年代公布的《社会保障法》。社会保障的针对那些需要帮助的公民，给他们提供的基本生活补助和帮助，而这些公民，往往是弱势群体或是居于社会底层的人，比如，病人、幼童、失业者或者老人等。社会保障一般由四个部分组成，包括了救济工作、福利工作、保险以及抚恤安置。从全球各国来看，各国的社保模式一般有四种，即国家保险（如苏联）、社会共济（如英国）、积累储蓄（如新加坡）和国家福利（如德国）。就国内来说，我国的社会保障制度，与英国类似，属于一种社会共济的保障模式，这种模式的一个突出特征是由个体、单位和国家共同融资，一起承担保障职能。这一模式在我国会成为改革的趋势，当然，这需要很长的时间来完成。世界社保制度改革已经就强化个人的责任形成了一种共识。社会保障对于现代社会具有重要意义，它是促进社会安定的"稳定器"，也是经济社会发展的"推进器"，但最主要是，还是切实维护公民利益的一种"托底机制"。国内的社会保障制度是由中央与地方各级一起负责的一项保障计划。国内社会保障制度采取多项措施扩大各项社会保障项目的覆盖面，发展趋势是在充分重视效率基础上兼顾公平。

（二）在保障性住房融资方面的应用

提到住房保障和社会保障的关系，应该说，前者是后者的一个关键部分。政府部门利用国家与社会职能来对住宅这种特殊的资源进行合理的配置，以解决低收入群体的居住问题，实现社会的和谐发展和人民的安居乐业。政府可以进行发挥其政策调整职能，对资源进行优化配置，这些都说明了政府在住房保障方面的责任不容推诿，同时，还能应对弱势群体充当保护伞。因此，政府部门应该开拓更广的保障房融资渠道，促进保障房建设、权衡供给主体和社会发展之间的密切关系。

首先，由于保障性住房的融资渠道的拓宽是以多层次住房供给模式的保障性住房为基础的。因此，保证保障房建设的资金来源，拓宽融资渠道有利于顺利开展保障性住房建设，间接促进了社会公平。同时，在市场机制引导下，引入多元化的供给主体，有利于提高保障性住房建设的效率，实现公平与效率的共同发展。其次，保障性住房建设能够间接提高经济效率，直接促进社会公平。政府部门通过加大对保障房的供给，完善住房保障制度，使住房保障涵盖更多人群。同时，改善不同收入阶层的住房状况，进而促进了社会的发展。同时通过建立多层次住房供应体系满足社会各阶层住房需求，提高中低收入阶层劳动者的工作和生活积极性，特别是改善了中低收入层劳动者的居住环境，间接提高了社会的经济效率。

2.3.6 博弈论

（一）博弈论概述

博弈论（Games Theory），是一种对数学方法中具有竞争或者斗争性问题的应用研究，主要研究公式化了的对手间的相互作用。博弈论一般考虑了竞争关系中双方在不同条件下的行动选择方式，这种行动包括了实际的行动和预测到的行动，二者可以是一致，也可以是不一致的。博弈论在经济学领域有着重要的应用，一般看作是当代数学或者运筹学的一个分支学科。博弈论已经成为现代经济学的标准分析工具之一，在国际关系、军事学、计算机科学、生物学、经济学以及其他方面都有应用。

（二）在保障性住房融资方面的应用

1. 基本假设。

假设一：中央政府有完全理性，关注社会长期利益；为了进行保障房的建造，对那些响应政策态度消极的地方政府部门进行惩罚；对那些回应政策态度积极的地方部门将会进行财政上的支持。

假设二：地方政府的理性是不完全，更容易考虑短期的利益；如果积极响应中央政府的政策就会获得财政支持，如果消极响应会受到中央政府的处罚。

假设三：中央与地方政府做出的决策都是理性的。

假设四：政府建设保障房时，其最大化的收益是 V_1；

政府如果不建设保障房，其最大化收益为 V_2，且 $V_1 > V_2$；

地方政府为了应对中央政府的政策，进行投入的成本 C_1；

地方政府消极回应保障房建设，遭受的中央政府处罚 C_2；

地方政府积极进行保障房建设，获得中央政府财政支持为 P。

2. 收益矩阵。

在一系列假设前提的基础上，建立了中央政府和地方政府部门的收益矩阵，如表 2 - 5 所示。

表 2 - 5　　　　　　　　中央政府和地方政府的收益矩阵

		地方政府	
		积极	消极
中央政府	积极	$(V_1,\ V_1 + P - C_1)$	$(V_1,\ V_2 - C_2)$
	消极	— —	$(V_2,\ C_2)$

依据假设，中央政府完全理性，考虑国家长久发展，并且进行保障房建设所带来的收益可观的。但地方政府对于中央政府的政策回应是否态度积极，取决于 $V_2 - C_2$ 与 $V_1 + P - C_1$ 二者之间的大小比较，而这个大小比较可以决定博弈矩阵的纳什均衡。

中央政府考虑到国家发展与社会稳定，希望将（积极，积极）的选择作为纳什均衡，所以应该对积极响应的地方政府增加财政支持 P，并对消极响应的地方政府加大惩罚 C_2。由于中央政府与地方政府相对比，前者往往占据主要地位，而地方政府只是根据中央政府的决策做出行为调整的。因此，对于地方政府的分析，可以忽略地方政府的改变对纳什均衡的影响。

此外，根据假设，地方政府由于只顾短期利益，不会来为国家长远发展进行考虑的，不会对保障房建设进行实际的规划，因此，（消极，积极）的情形是不会存在的。

2.4 保障性住房融资模式构建的主要影响因素

2.4.1 经济因素

经济因素是影响保障房融资的主要因素。制约国内保障房建设的首要问题就是资金的来源。近些年以来，国内宏观经济层面的良好走势为保障房的建设提供了强大的后盾。2008 年全球金融危机发生以后，国内的经济发展和经济增长受到了一定的影响，但是保障房的建造没有受到打击，反而得到了比以往更快的增长，也有助于拉动国内需求。

2.4.2 技术因素

与世界上发达国家相比，国内的技术水平正在发展和上升阶段，这在一定意义上对国内保障房融资渠道的拓宽产生了抑制作用。此外，在规划和筛选保障房融资模式时，需要考虑到的一个因素是，目前国内资本市场和金融工具并不完善，二者的发展有待进一步加快，需要考虑到这些因素。

2.4.3　融资成本及融资效率

融资成本一般是资金成本，是为建造保障性住房，在筹集资金时付出的费用。值得注意的是，融资成本还包括其他成本，比如：监督所带来成本和获取信息的成本等，这些都会对保障性住房融资模式的构建产生显著的作用。效率与成本之间是相对应的。融资效率也是影响保障性住房融资模式构建的一大关键因素。保障房的融资效率越高，所需要的成本也就相对越低，从而越有助于保障房的建造。

2.4.4　保障性住房项目因素

保障性住房项目是对保障房融资产生影响的一个重要因素。保障房项目自身的特征包括配套设备齐全程度、生产力是否先进、政治因素、交通便利性、所在地位置、所处地的经济状况等。这些都会影响保障性住房的融资。所有保障房项目的建造都需要有大众的赞同，不然，保障房融资不仅受到影响，而且其建造进度也会严重变缓。因此，最重要的是项目是否能得到人民群众的赞成。保障性住房项目的建造只有得到了各参与主体的支持，才能有助于筹集建造的资金。

2.4.5　保障房项目融资能力

保障性住房融资能力就是能够满足保障房资金需求的能力。保障性住房融资能力要将各种要素结合在一起，才能确立项目融资能力指标评价系统，见图 2 - 4 所示。这些需要结合的因素包括项目的经济特征，以及保障房所在的外部影响环境等。在对项目是否可行进行评估后，需要按照一些特定的研究方法与结构体系对影响项目的关键因素采取系统的评估，并产生确切的融资能力评价结果。

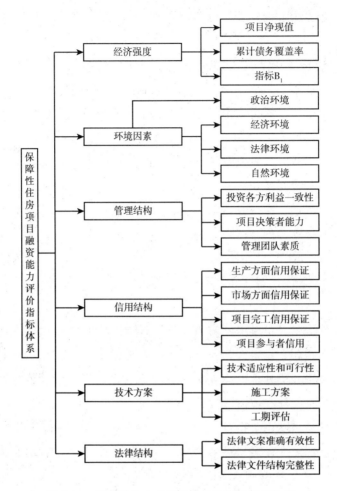

图 2-4　保障性住房项目融资能力评价指标体系

　　本书主要采用这些理论对中国保障房融资的模式进行了一些探讨，由于现有的理论比较匮乏，采用单一的理论对于中国保障房融资进行分析比较单薄，本书综合运用这些理论对于中国保障性住房融资问题进行了分析。

| 第 3 章 |

国外保障性住房的融资模式分析

3.1 美国模式

3.1.1 美国的住房保障体系

美国的住房保障体系历史较长，而且随着经济的发展不断演变。总体来看，美国主要有公共住房供应、住房建设补贴和租房补贴三种公共住房保障方式①。

早期，美国的住房保障模式以政府直接出资建设公共住房为主。1929 年经济大危机爆发后，美国出现了严重的住房短缺，罗斯福新政初期，政府开始在公共工程局（Public Works Administration）的主导下建设公共住房。1937 年《住房法案》后，确立了联邦政府拨款资助、地方政府负责建造的公共住房供应模式，并成立了美国住房署（U. S. Housing Authority）取代公共工程局负责公共住房建设工作。

20 世纪 60 年代后，住房保障的供给模式从实务配给向货币补贴转变。1968 年《住房与城市发展法案》推出了住房供应领域的补贴住房建设计划，俗称"砖头补贴"，通过联邦住房与城市发展部（HUD）补贴民间的住房开发机构，鼓励其参与公共住房建设。政府逐渐退出公共住房的直接

① 李莉 . 美国公共住房政策的演变 [D]. 厦门大学，2008

建设，由民间资本承担起公共住房建设的重任，政府仅作为住房的管理者身份出现。

20世纪80年代后，联邦住房保障政策由住房供应领域转向住房需求领域。住房租金补贴，俗称"人头补贴"，是一种由政府直接向低收入者提供房租补贴的住房保障模式。1974年《住房和社区发展法案》推出了租金证明计划（Rental Certificate Program），承租人向地方住宅机构提供租金证明，地方住宅机构向符合要求的低收入家庭提供房租补贴。1987年修订的《住房和社区发展法案》推出了租金优惠券计划（Rent Voucher Program），其与租金证明计划差别不大，但是租金优惠券在市场上是通用的，这给承租家庭在住房选择方面带来了更大的自由。

纵观美国住房保障的发展历程，美国政府逐步减少公共住房的实物供给，而是采取货币补贴的方式，并通过发达的住宅抵押贷款市场体系，支持中低收入家庭在普通住房市场上解决住房问题。目前，公共住房占整个住房存量的比例已下降到2%[1]。

3.1.2　美国公共住房融资模式

美国公共住房的融资模式也随着美国住房保障政策的变化而变化。具体来看，典型的有以下几种模式。

（一）政府出资建设模式

1937年《住房法案》发布后，确立了联邦政府拨款资助、地方政府负责建造的公共住房供应模式，由美国住房署（U. S. Housing Authority）专门负责低收入家庭的住房问题。联邦政府向以财政拨款和发放贷款的方式向联邦住房署提供资金，联邦住房署将筹得的资金以贷款的形式拨付给地方政府，由地方政府新建或收购公共住房。一般情况下，住房署出资90%，地方政府负责其余的10%[2]。具体运作模式如图3-1所示。

---

① 秦虹. 国外公共住宅政策研究//载于国家行政学院进修部. 住房保障与房地产市场调控 [M]. 国家行政学院出版社，2011：183
② 李莉. 美国公共住房政策演变述评 [J]. 史学理论研究，2010（1）

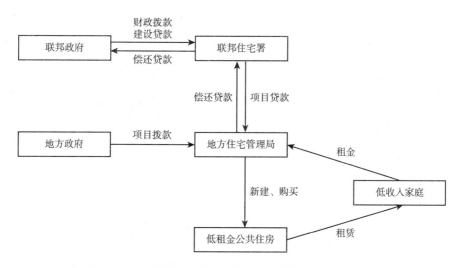

图 3 - 1　20 世纪 60 年代以前美国公共住房政府出资建设模式

（二）住房建设补贴模式

1968 年《住房与城市发展法案》推出了住房建设补贴模式，即政府通过利息补贴的方式，为公共住房建设提供资金，鼓励民间开发商和非营利机构参与公共住房建设。这一补贴住房供应领域的制度在学术界被称为"砖头补贴"。

法案具体包括两项补贴住房建设的计划。第一项面向购房家庭，根据法案 235 条款，符合资格的家庭可申请由联邦住房管理局（FHA）担保的抵押贷款，从住房市场中购买住房，申请者仅需支付本金和 1% 的利息，剩余部分由联邦政府支付。第二项是面向租房家庭，根据法案 236 条款，政府通过补贴贷款利息的方式，保证参与公共住房建设的民间房产开发商和非营利机构投资者的回报率不低于 6%，同时，房屋的租金在政府的干预下确定。由于政府补贴的吸引，民间资本的参与热情较高。住房建设补贴的具体运作模式如图 3 - 2 所示。

（三）房地产投资信托基金

房地产投资信托基金（REITs）最早产生于 20 世纪 60 年代初的美国，目的是在使中小投资者能以较低门槛参与不动产市场，获得不动产市场交易、租金与增值所带来的收益。房地产投资信托基金不但在公共住房运用中

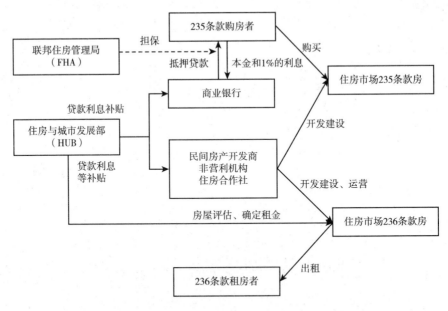

图 3 - 2   美国住房建设补贴的运作模式

得到运用,更是在民间房地产市场得到广泛运用。房地产投资信托基金通过发行权益份额的方式,向社会募集资金,并由专门的基金管理,进行房地产投资,并将所获利润按比例分配给投资者。房地产投资信托基金具有以下几方面的特点:专一性,专门投资于房地产;税收优惠,政府为鼓励民间资本参与房地产建设,免征公司所得税;投资门槛低,通过将大型的房地产项目分为若干小的份额,普通投资者可以参与。房地产投资信托基金的运作模式如图 3 - 3 所示。

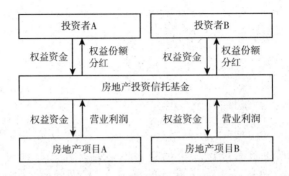

图 3 - 3   房地产投资信托基金的运作模式

3.1.3　美国模式的特点

（一）住房开发环节市场化程度高

目前，美国模式最为显著的特点是高度市场化的住房开发市场。在早期，美国政府也通过直接开发建设公共住房的方式或通过补贴民间开发商的方式参与公共住房建设，但是出现了较多的问题。首先，公共住房的供给与需求难以稳定匹配，运营效率低下。随着经济周期的循环，在经济低迷时期，公共住房的供给难以满足需求；而在繁荣时期，公共住房的空置率居高不下，造成了巨大的资源浪费。其次，在开发环节补贴民间开发商，开发商挪用政府补贴资金的情况时有发生，资金的使用情况难以有效监管。于是，20世纪80年代以来，美国政府不再干预住房的建设开发市场，市场上由政府支持运作的保障性的公共住房也越来越少，住房开发环节几乎完全市场化。政府通过对租房者提供房租补贴和对购房者提供抵押贷款利息补贴等方式，实现对居民住房的保障。

（二）完善的住房金融体系

美国模式的另一大特点是政府支援下的信贷支持[①]。在政府的支持下，各类金融机构都积极参与住房建设，民间和政府的金融机构广泛经营房地产贷款，住房抵押贷款二级市场非常发达。目前，美国拥有以政府国民抵押协会（Ginnie Mae，简称吉利美）、联邦国民抵押协会（Fannie Mae，简称房利美）和联邦住宅抵押公司（Freddie Mae，简称房地美）为主体、大量民间抵押公司并存的抵押贷款市场，为居民购买和建设住房提供了有力的资金支持。

---

① 罗应光，向春玲，等．住有所居·中国保障性住房建设的理论与实践［M］．中共中央党校出版社，2011

3.2 日本模式

3.2.1 日本的住房保障体系

日本是世界上人口密度较高的国家之一，居民的住房保障是日本政府非常重视的问题，政府在公共住房建设中发挥了非常重要的作用。日本的住房保障体系包括公共住房的供给和金融支持两大部分，由住宅金融公库、住宅都市整备公团和地方住宅供给公社三大支柱构成。

日本公共住房供给包括公营住宅、公团住宅和公社住宅（见表 3 - 1）。其中，公营住宅是指根据《公营住宅法》，由中央政府向地方政府（地方公共团体）提供资金补贴，地方公共团体建设的住宅。供应住宅由地方公共团体以低廉的租金提供住房困难的低收入者。

表 3 - 1   **日本公共住宅体系**

项 目	公营住宅	公团住宅	公社住宅
实施年份	1951	1955	1950
运营主体	地方公共团体	都市再生机构	地方住宅供给公社
资金来源	中央和地方财政拨款	独立核算，赤字由财政补贴	金融公库贷款
供给方式	租赁	租赁	租售均可，以售为主
保障对象	收入 25% 以内	中等收入	收入 3~4 分位

资料来源：黄修民．日、韩公共住宅制度的改革与发展［J］．太平洋学报．2010（4）

公团住宅是指根据《住宅公团法》，由中央政府出资设立的都市再生机构，为全国城市中低收入者建设的住宅。公团住宅主要分布在大型城市及其周围，设计标准较高。目前公团住宅仅以租赁方式提供，不再分售。公团住宅的建设管理主体是都市再生机构（UR）。都市再生机构于 2004 年由都市基盘整备公团和地方城市开发整备部门改组而成，是政府全资的独立行政法人机构，注册资金 8843 亿日元，隶属于国土交通省。作为一家全国性的公共住房管理机构，都市再生机构的职责是城市基础设施的整备和租赁住房的供给，改制后不再提供用于出售的公共住房，服务对象为全国低收入家庭和老年人等特殊群体。

公社住宅是指根据《地方住宅公社法》，由地方住宅供应公社向本地区中低收入家庭提供的公共住房。目前，公社住宅以出租和出售两种方式提供，以售为主。公社住宅的供应主体是地方住宅供给公社。地方住宅供给公社是地方政府根据地方住宅供给法设立的地方性公共住房供应机构，在都道府县及人口 50 万人以上的政令指定城市设立。

3.2.2　日本公共住房融资模式

在早期，日本政府在公共住房建设中起着主导作用，公共住房开发建设资金的筹集也主要由政府负责。日本的公共住房融资模式在日本 2006 年修订《住房金融法》并于 2007 年解散住宅金融公库并成立住宅金融支援机构后，产生了重大变化。

2006 年及以前，日本公共住房开发建设资金的筹集主要通过住宅金融公库进行。住宅金融公库（Government Housing Loan Corporation，GHLC）是依据 1950 年《住宅金融公库法》，由政府全额注资成立的特殊法人，专门为政府、企业和个人建房购房提供长期、低利率贷款的公司，是当时日本银行业的三行八库之一。设立住宅金融公库的目的是，通过政府的财政投融资体制，将成本较低、投资期限较长的资金引入公共住房建设，以克服民间融资资金不足、来源不稳定等缺陷。

住宅金融公库营运资金，除了中央政府注资投入的部分财政资金外，主要来自于财政投融资体制贷款、中央政府给予的利息补贴和发行的特殊债券。住宅金融公库将筹集到的资金用于支持住宅建设，一方面向个人发放优惠的个人购房抵押贷款；另一方面向公共住房的供应主体地方公共团体、住宅整备公团（后改制为都市再生机构）和地方住宅供给公社发放房产开发贷款，同时向开发租赁性住房的民间房地产开发企业提供长期低利息的资金支持。住宅金融公库的运营模式如图 3-4 所示。

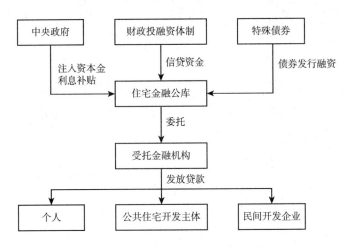

图 3 - 4　日本住宅金融公库的运营模式

住宅金融公库模式的一个特点是日本的财政投融资体制（Fiscal Invest-ment and Loan Program，FILP）。日本为实现公共事业的发展，将邮政储蓄、国民养老金和基本人寿保险等投资期限较长的资金，通过国家信用归集起来，与公共财政资金协调，用于支持公共住房、基础设施等建设。住宅金融公库资金在日本公共住房建设中发挥了重要的作用。从新建住宅的资金来源上看，民间资本约占 60%，住宅金融公库贷款约占 30%，个别年份曾高达 40%，其他公共资金约占 10%[①]。

2007 年，为了减轻政府财政压力，同时鼓励私人资本参与公共住房建设，根据《住宅金融支援机构法案》，住宅金融公库改制为住房金融支援机构（Japan Housing Finance Agency，JHF），停止直接发放住房贷款，转而对民间住房贷款开展支援服务，充当贷款二级市场的金融中介。住宅金融支援机构承担着四种业务，分别是：买取型证券化支援业务、保证型证券化支援业务，住房融资保险业务和灾后重建融资业务。

在买取型证券化支援业务中，住宅金融支援机构从一级市场中购买住房抵押贷款，将其证券化为抵押支持债券（MBS）并在二级市场上出售，增加

---

①　汪利娜. 日本政策性住宅金融的演进与启示 [J]. 中国社会科学院金融研究所房地产论坛，2011（5）

住房开发贷款的流动性，间接为公共住房建设融资。在保证型证券化支援业务中，住宅金融支援机构对市场上的住房开发债券提供担保和信用增级，降低其融资成本。住房融资保险业务中，住宅金融支援机构在社会上发放的住房贷款出现违约的情况时，支付赔偿金或代为还款。灾后重建融资业务中，住宅金融支援机构直接向发生自然灾害地区的住房重建项目和居民提供长期优惠的贷款。

3.2.3　日本模式的特点

（一）政策性金融机构与民间金融机构合作的模式

2007 年前的住宅金融公库时期，住宅金融公库作为政策性公共住房金融机构，通过财政投融资体制，统筹全国邮政储蓄、国民养老金和基本人寿保险等资金，并通过发行特殊债券的方式，为公共住房建设注入了大量资金。同时，引入民间金融机构，并向其提供政策优惠，发挥民间资本的优势。

（二）政策性金融机构全面退出贷款一级市场，发展二级市场

2007 年后的住宅金融支援机构时期，住宅金融支援机构作为政策性公共住房金融机构，不再直接对住房开发企业和住房购买者发放贷款，全面退出贷款一级市场，转而在二级市场上通过资产证券化、融资保险等方式间接为住房融资提供支持。这种政府主导型的创新，一方面减轻了政府财政以及公共保障性资金的压力；另一方面，发挥了财政资金的杠杆作用，鼓励民间金融机构在贷款一级市场发展。

3.3　德国模式

3.3.1　德国的住房保障体系

德国自称为欧洲的"社会市场经济"国家，实行市场经济的同时，政府

干预较多，提倡合作主义，这在德国的住房保障体系中得到体现①。

德国的住房保障体系以公共福利房为主体，辅之以住房补贴、住房储蓄、购建房税收优惠等相关制度的支持。公共福利房是指，在政府资助下，由个人、非营利住宅公司货自治团体建造，向多子女家庭、老年人、残疾人及低收入者等居民出售或出租的住房，此外还包含企业在税收优惠政策下使用自有资金建造的职工住房②。

公共福利房的供应有两种渠道。最主要的渠道是政府通过提供优惠政策，鼓励私人机构兴建公共住房，并出租给特定群体。优惠政策包括提供低息甚至无息贷款，给予税收减免、债务补贴等。享受了政策优惠的个人或机构，被要求将房屋社会化运作，在锁定期内的租金价格和利润都受到政府的限制，锁定期通常为 12 ～ 20 年。虽然租价受到限制，由于政府提供的优惠相当可观，私人机构依然有一定的利润空间。锁定期结束后，房屋的所有者可以以市场价格出租或出售房屋③。第二种渠道是由联邦、州行政区政府直接出资建设，通过政府所有的开发企业运用住房建设基金建设公共住房，目前这一方式已逐步停用。此外，政府提供优惠政策，鼓励居民自建或自购住房。

随着德国经济的发展和居民收入的提高，目前，公共福利房的建设以市场化程度较高的第一种渠道为主，德国政府不再直接参与住房建设。住房保障方式也逐渐转为以租金补贴为主，优惠政策也由原来的普惠性支持，转为主要投向老年人、单亲家庭和多子女家庭等特殊群体。德国住房保障体系如图 3 - 5 所示。

3.3.2 德国公共住房融资模式

德国公共住房建设资金主要有民间资本、国有银行贷款和财政补贴三大

---

① 王洪春. 住房社会保障研究 ［M］. 合肥工业大学出版社，2009
② 梁云凤. 德国的保障房制度及对我国的启示 ［J］. 经济研究参考，2011 （61）
③ Whitehead C，Scanlon K J. Social Housing in Europe ［M］. London School of Economics and Political Science，2007

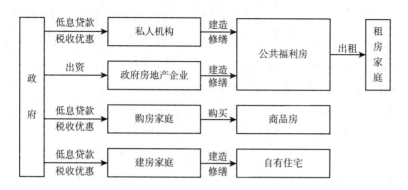

图 3 - 5　德国的住房保障体系

注：由政府出资建设公共福利房的方式已逐步停用。

来源。其中，鼓励民间资本参与、政府退出供应是德国公共住房融资模式的特点。

（一）民间资本

近十几年来，德国政府在公共住房政策上，逐渐从公共住房的供给者，变为公共住房建设的支持者。地方主导原则要求中央政府或州政府不得建设或持有住房，政府逐渐退出了公共住房的建设和运营，目前所有公共住房在法律都上是私有的[①]。

德国联邦政府退出公共住房的直接供应后，转向鼓励民间资本进行公共住房建设。市政部门通过设立由私人部门持股的住房公司，或直接由营利机构、大型企业、民间房地产企业和个人使用自有资金建设公共住房或自有住房。政府通过提供税收减免等优惠政策吸引民间资本参与，建设资金不足的部分由政府提供低息甚至是无息贷款[②]。通常，私人部门的自由资金达到项目投资 15% 以上时，就可以向政府申请年利率低于 0.5% 的贷款[③]。

（二）国有银行贷款

目前，公共住房的供应者主要有非营利的住房合作社、私人房东和市政

①　Whitehead C，Scanlon K J. Social Housing in Europe ［M］. London School of Economics and Political Science，2007

②　Lawson J. European housing strategies，financing mechanisms and outcomes ［J］. OTB Research，2009（9）

③　住房和城乡建设住房保障司. 国外住房金融研究汇编 ［M］. 中国城市出版社，2009

企业三大类。他们与德国的国有投资银行或德国复兴信贷银行（KFW）签订合同，获得低息贷款，同时开发企业需要承诺将所建房屋用于保障用途，把租金控制在市场价格的一定程度下。德国复兴信贷银行是德国的政策性银行，目标是促进德国企业的发展和推动德国经济的发展，其发放的公共住房开发贷款不但利率优惠，而且额度高，通常可以高于房屋建设成本的80%。

（三）财政补贴

政府通常会对公共住房的运营主体提供税收优惠和补贴。此外，在其运营出现较大规模的赤字时，政府会给予一定的财政支持。

3.3.3　德国模式的特点

（一）联邦政府全面退出公共住房的供给

德国模式最显著的特点是联邦政府全面退出公共住房的供给，转而提供优惠的政策鼓励民间资本承担起公共住房建设的重任。优惠政策包括税收减免、国有银行低息贷款和财政补贴等。联邦政府退出公共住房，在减轻政府财政负担的同时，将民间资本引入公共住房，培养民间房产开发商对公共福利房的兴趣，增加面向中低收入家庭的住宅数量与规模。

（二）鼓励居民自建或自购住房

德国政府通过建立住房储蓄体系，提供优惠的居民住房抵押贷款，辅之以各项奖励措施，鼓励居民自建或自购住房，提高居民住房自有率，在一定程度上减少了公共住房的需求，降低了公共住房的建设和融资压力。

（三）完善的住房储蓄银行体系

德国公共住房融资的另一个特点是完善的住房储蓄银行体系。根据德国《住房储蓄银行法》，住房储蓄银行是一种专门为私人住房融资服务的特殊金融机构，主要目的是向德国居民提供购房和建房所需资金，是一套将住房储蓄存款和贷款相结合的相对封闭的长期的住房储蓄融资体系。其住房储蓄信贷体系有以下几个特点：存贷结合，储户先按合同约定储蓄，存满一定额度后即可取得贷款权；利率固定、低息互助、封闭运作，资金的出入都是封闭的，受资本市场利率波动影响相对较小，因此利率能长期保持在一个较低的水平；税收减免，住房储蓄免征利率税；此外政府提供各项奖励，包括储蓄时的按储蓄额度确定的储蓄奖励和购房时按贷款额度确定的购房奖励。德国的住房储蓄银行体系在居民购房和建房中发挥了巨大的作用。

3.4　英国模式

3.4.1　英国的住房保障体系

英国的公共住房被称为"可负担住房"（affordable housing）。根据英国社区与地方自治部（Department for Community and Local Government，DCLG）的定义，可负担住房包括社会租赁住房和过渡性住房①。社会租赁住房（social rented housing）是指由地方政府或注册社会住房业主持有和管理的，出租给特定家庭的住房。社会租赁住房的租金受国家干预，社会保障属性较强。过渡性住房（intermediate housing）是介于社会租赁住房和商品房之间的住房，种类较多，可租可售，包括租赁用途的过渡性租赁房、按一定折扣出售的限价房、由购房者和贷款人共同持有产权的共享股权房。过渡性住房的供应主体较为多样，市场属性相对较强。

可负担住房的所有权分布较为分散，目前，可负担住房的供给主体可以分为三类。第一类供应者是地方政府及所属企业。政府曾在可负担住房的供应市场起主导作用，后来逐渐推出。目前，地方政府已经基本停止新建公共住房，并将持有的公共住房转让给注册社会住房业主运营管理。第二类供应者是在社区与地方自治部租户服务管理署（Tenant Services Authority，TSA）登记注册的注册社会住房业主（Registered Social Landlords，RSLs），主要包括住房协会、住房信托基金和住房合作社等非营利机构。注册社会住房业主是目前可负担住房的主要供给者。此外，民间房地产开发商等未在 TSA 注册的机构，也可以参与可负担住房建设，成为第三类供应者。

---

① Department for Communities and Local Government. Delivering Affordable Housing［EB/OL］. London，2006

3.4.2　英国公共住房融资模式

英国公共住房的融资模式一方面充分调动了民间资本的积极性，另一方面也发挥了财政的保障作用。英国可负担住房开发建设的资金来源主要有以下几个渠道。

（一）住房与社区署的社会住房基金贷款

住房与社区署（Homes & Community Agency，HCA）隶属于社区与地方自治部，是英国政府负责可负担住房的投融资业务的机构。住房与社区署将来自于社区与地方自治部、财政部和国家贷款资金形成的社会住房基金（Housing Association Grants，HAG），以次级贷款的方式贷放给注册社会住房业主等可负担住房供应主体。住房与社区署在可负担住房融资中扮演政府的角色，贷款的清偿顺序在民间资本之后，并为注册社会住房业主提供担保。来自于住房与社区署的社会住房基金贷款曾是注册社会住房业主最主要的资金来源，但是最近十几年社会住房基金贷款的额度已大幅下降①。

（二）住房金融公司贷款

英国住房金融公司（The Housing Finance Corporation，THFC）是1987年成立的非营利专业独立机构，专门向注册社会住房业主等可负担住房供应主体提供贷款。成立住房金融公司的目的是将民间资金引入公共住房建设，通过发行债券或借款等各种融资方式，从民间资本市场融取资金，并将这些资金以较低的利率和较长的期限转贷给注册社会住房业主等可负担住房供应主体。住房金融公司降低了注册社会住房业主的融资成本，在将民间资本引入可负担住房的过程中发挥了重要作用。

（三）民间资本直接融资

除了通过社会住房基金贷款和住房金融公司贷款筹集资金外，可负担住房供应主体也可通过多种渠道直接从民间资本融取资金，包括发行债券或票

---

① 臧崇晓，刘洪玉，徐玉勇. 英国可支付住房的投融资体系及其经验借鉴 [J]. 现代城市研究，2012（10）

据、借款等方式，但通常融资的成本比上述两种方式较高。

综上所述，英国可负担住房融资模式如图 3 - 6 所示。

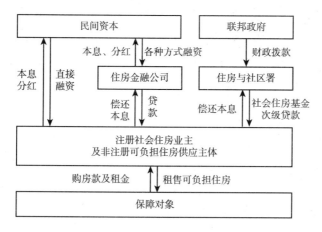

图 3 - 6　英国可负担住房融资模式

3.4.3　英国模式的特点

英国模式通过设计合理的融资模式，有效解决了可负担住房融资期限长、回报率低的问题。

（一）专门的非营利金融中介机构

为了吸引民间资本参与可负担住房建设，英国成立了专门的非营利金融中介机构——住房金融公司，使社会资金得以通畅地进入公共住房领域。住房金融公司有非营利的性质，其贷出资金的利率通常与融入资金的成本相同，降低了可负担住房供应者的融资成本。

（二）民间资本享有第一清偿权

民间资本在与来自政府的社会住房基金贷款共同参与可负担住房建设时，社会住房基金贷款作为次级债券，清偿权在民间资本之后，可负担住房供应者优先偿还民间资本。这样的制度设计，一方面降低了民间资本的风险，保证了其安全性，提高了民间资本参与可负担住房建设的积极性；另一方面也降低了可负担住房供应者的融资成本。

（三）租金根据运营成本浮动

为降低可负担住房供应主体的运营压力和民间资本的投资风险，政府允许供应者按照盈亏平衡的原则，根据建设、运营成本以及融资成本等因素综合确定租金，并根据成本的变动相应浮动；同时，政府在必要的情况下会向供应者进行租金补贴。这一制度设计可确保住房供应主体的利润和财务的稳健，也保障了公共住房建设债权资本的清偿。

3.5　新加坡模式

3.5.1　新加坡的住房保障体系

虽然新加坡是一个市场经济高度发达的国家，但住房的建设与分配并没有完全通过市场来实现，而是采取了政府与市场相结合的方式，并且政府的支持与干预在其中发挥了很大的作用。

1964 年，新加坡政府推出"居者有其屋计划"（Home Ownership Scheme），形成了一套多层次的住房保障体系。新加坡的公共住房由新加坡建屋发展局（HDB）提供的"组合房屋"（HDB Flat）构成。"组合房屋"简称"组屋"，是指由政府建造并低价出售的拥有独立厨卫设备的住房。低收入家庭可以以低于市场水平的租金租住"组屋"，有能力的中低收入家庭则可以通过建屋发展局提供的低息贷款购买"组屋"。

全国的组屋建设统一由建屋发展局（Housing and Development Board，HDB）负责。建屋发展局是根据《住房发展法案》（*Housing and Development Act*）在 1960 年成立的公共住房建设和管理机构，隶属于新加坡发展部。建屋发展局除了负责"组屋"的建设和管理外，还对"组屋"的购买者提供住房贷款，是新加坡公共住房的供应者、管理者兼金融服务提供者。

由建屋发展局提供的"组屋"，在新加坡全部住房中占有相当大的比例（见图 3 - 7）。截至 2013 年 3 月底，有 82% 的新加坡居民居住于由建屋发展局提供的"组屋"。其中，绝大部分（80%）都是通过购买的方式获得"组屋"，仅有 2% 的新加坡居民是通过租赁的方式租住"组屋"。

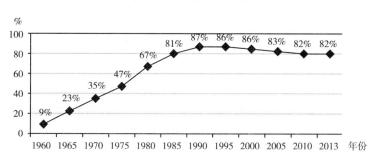

图 3 - 7　居住于"组屋"（HDB Flat）的新加坡人口百分比

注：2013 年数据截至 2013 年 3 月底。

资料来源：新加坡建屋发展局年报（2012/2013 年度）。

3.5.2　新加坡公共住房融资模式

新加坡公共住房的筹资与建设统一由建屋发展局负责。建屋发展局的公用住房开发建设资金主要来自于中央公积金，并辅之以一定的财政资金。新加坡公共住房融资模式如图 3 - 8 所示。

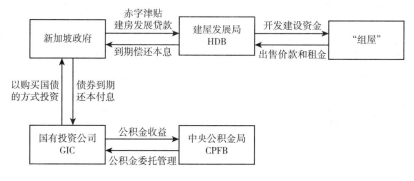

图 3 - 8　新加坡公共住房开发融资模式

资料来源：郑智东. 国外住房金融研究汇编［M］，2009。

（一）中央公积金

中央公积金是新加坡公共住房建设主要的资金来源。新加坡中央公积金根据《中央公积金法》于 1955 年开始实施，是新加坡统一的综合保障体系，包含一般账户、专门账户、医疗账户和退休账户①。各账户按照基本工资的一定比例强制缴纳，并规定不同的用途：一般账户可用于购买组屋、购买人寿保险等用途，专门账户用于养老保障，医疗账户用于支付住院费、手术费等。

中央公积金独立于政府财政，由中央公积金局（Central Provident Fund Board，CPFB）负责管理。中央公积金局隶属于新加坡劳工部，是独立运作的半政府性机构。中央公积金可投资于国内住房、基础设施和部分海外资产，此部分投资委托新加坡政府投资管理公司进行。新加坡政府投资管理公司（Government of Singapore Investment Corporation，GSIC）是新加坡法定的公积金投资机构。中央公积金局将大部分中央公积金交由政府投资管理公司管理以实现保值增值，政府投资管理公司通过购买政府特别债券的方式，将中央公积金借给新加坡政府。新加坡政府则通过发放建房发展贷款的方式，将资金贷给建屋发展局。建屋发展局从政府取得贷款后，结合已建成组屋出售和出租收回的租金，以成立发展基金的方式，开展组屋建设以及运营管理工作。

（二）财政补贴

由于"组屋"的售价和租金均由政府确定，通常显著低于市场价格，因此建屋发展局在运营中经常出现巨额赤字，此时新加坡政府使用国家财政收入，以划拨赤字津贴（Government Grant）的方式，全额补贴建屋发展局的赤字。2012财年，新加坡政府向建屋发展局划拨赤字津贴10.4亿新元；截至2013年3月底，新加坡政府已经累计向建屋发展局划拨赤字津贴223.7亿新元②。

3.5.3　新加坡模式的特点

（一）集多功能为一体的公共住房服务机构

新加坡成立的建屋发展局，集公共住房建设供应、管理和金融服务于一

---

① 李东平，孙博．集中式综合社会保障及市场化运作——新加坡中央公积金制度的经验与启示 [EB/OL]．新华金融，2013 – 03 – 03

② 新加坡建屋发展局．2012/2013 年财务报告 [EB/OL]．http：//www10. hdb. gov. sg/eBook/ AR2013/financial. html

体，大部分的新加坡居民在申请组屋时，可在建屋发展局享受一条龙式的服务。同时，建屋发展局作为集多项服务于一体的全国性公共住房服务机构，在开展建设、融资等各项工作时，协调成本较低。

（二）融资以中央公积金为主

新加坡公共住房融资最显著的特点是，将中央公积金资金作为组屋建设的主要资金，财政资金仅以划拨赤字津贴的方式补贴建屋发展局的运营赤字。这一方面实现了中央公积金的保值增值；另一方面缓解了财政资金的压力。财政资金在其中起兜底和信用增级的作用，杠杆作用明显。

（三）鼓励家庭购买组屋

新加坡模式另一个显著的特点是，绝大部分的组屋由家庭购买并持有。根据新加坡建屋发展局的数据①，建屋发展局 2012 年收到的 72745 份组屋申请中，仅有 9804 份是租房申请，其余 62941 份申请均为购房申请，占到申请总数的 86.5%。较高的组屋家庭持有率，一方面有利于社会的稳定；另一方面，更为重要的是，大大缩短了建屋发展局的投资回收期，大幅降低了建屋发展局的融资难度和政府的财政压力。如此高的组屋家庭持有率，可以归功于新加坡完善的组屋购房贷款制度和公积金制度。首先，新加坡政府通过建屋发展局向组屋的购买者发放优惠的住房抵押贷款，即建屋发展局贷款（HDB loans），鼓励国民购买自有组屋。建屋发展局贷款资金一部分来自于中央公积金通过购买政府特别债券的方式借给政府的资金，另一部分来自于储蓄机构。其次，购房者可以从其中央公积金中的普通账户中提取上限为所购组屋价格 120%，用来购买组屋，而且后续可以直接用缴纳的普通账户公积金来偿还建屋发展局贷款。

3.6　国外保障性住房融资模式的比较分析

总体来看，各国保障房的供应和融资模式各具特色。主要可以大致可分

① 新加坡建屋发展局.2012/2013 年年度报告［EB/OL］. http：//www10. hdb. gov. sg/eBook/AR2013/keystatistics. html

为三种类型。

第一种是政府直接进行保障房建设开发和运营的模式，以新加坡为代表，美国、日本、德国、英国等多数国家在早期也采用此模式。政府直接投资建设保障房的优势是，能够在住房严重短缺、住房供求矛盾尖锐的时期有效地提高住房供应量，缓解中低收入家庭的住房问题。但是，此模式的一大问题是，随着保障房建设规模的扩大，政府的财政压力会越来越大，租赁型保障房建成后还需要以租养房，更是占用大量的财政资金。即使是财政力量雄厚的美国、德国等国家，也没有长期采用此模式。目前，人口规模较小的新加坡是此模式的典型，日本也保留了部分参与保障房建设的政府机构。即使依然在采用此模式的国家，政府的保障房建设资金也并非全部来自财政资金，政府通过使用公共基金，如新加坡的中央公积金、日本的财政投融资体制，支援公共住房建设。

第二种是民间参与保障房建设、政府提供金融支持的模式，以德国、英国为代表。政府直接参与保障房建设的各种弊端，使西方主要发达国家政府逐渐不再直接参与保障房建设，转向间接参与的方式，鼓励民间企业和非营利机构成为保障房建设的主力军，政府为其提供各种税收、金融等方面的支持；同时，对保障房的价格和租金进行一定程度的干预。政府通过成立专门的公共住房金融机构，如日本的住房金融支援机构、德国的复兴信贷银行、英国的住房金融公司，向民间企业和非营利机构提供利率优惠、期限较长的住房开发贷款；同时，政府在税收上进行一定程度上的减免，美国模式中的低收入住宅返税政策是这方面的一个典型。

第三种是政府退出干预公共住房建设，转而提供住房补贴的模式，以美国现行模式为代表。由于政府干预公共住房建设的低效率，美国政府已逐渐停止了对公共住房供应市场的干预，住房供应市场基本实现了充分的市场化，政府转而向住房消费市场提供租房补贴、住房抵押贷款贴息和担保。美国通过建立完善的住房抵押贷款的一级和二级市场，并使用政府信用对贷款进行担保，鼓励居民自购商品房。德国等国家也通过建立住房储蓄制度等方式，提高居民的自由住房拥有率。

世界各国采取的不同的保障房融资模式中，有一些较为成功的经验，对于我国城镇保障性住房建设具有重要意义。本书认为应该更多参照美国模式来满足中国保障性住房的需求。中国的城市化进程快，人口数量巨大，仅仅靠政府来解决是不现实的。美国模式是值得我们借鉴的。

3.6.1　财政资金以间接方式支持保障房建设

纵观各国公共住房供应和融资的发展历程，可以发现政府在公共住房建设领域中扮演的角色由大变小。最初财政资金直接投资进行公共住房建设开发和运营，如 20 世纪 60 年代前的美国、公共住房发展初期的英国和德国。随着保障房建设规模的扩大，政府财政的压力越来越大，而且政府运作具有低效率等弊端，于是各国的财政性资金不再直接参与保障房建设，而是逐步转为公共住房建设的支持者，政府通过财政资金以利息补贴、贷款担保和税收减免等方式，提供优惠政策鼓励民间企业参与保障房建设，同时获得保障房价格的干预权。

各国财政间接支持保障房建设主要有以下几种方式。一是税收减免优惠政策。对公共住房的开发、销售、出租等环节，减征或免征各种税费，或是对参与保障房建设的民间企业给予税收优惠。税收优惠政策在各国得到广泛的采用。二是对公共住房开发企业的开发贷款进行利息补贴。如 20 世纪七八十年代的美国，通过"砖头补贴"，补贴民间房产开发商，降低其开发成本，保证其运营利润，吸引社会资本参与公共住房建设。三是为开发企业的贷款提供担保。如英国通过住房与社区署发放的社会住房基金次级贷款，其清偿顺序在其他贷款之后，提高了保障房建设主体开发贷款的安全性，有利于其降低融资成本。四是在公共住房的运营机构出现赤字时，直接给予赤字补贴。例如，新加坡负责公共住房运作的建屋发展局的赤字，由新加坡政府予以全额补贴。这本质上相当于使用政府信用对公共住房运作企业提供担保，提高了公共住房运营主体的安全性，进一步降低了其融资成本。

财政资金退出保障房投资转而以间接方式支持保障房建设，可以减轻财政预算压力，将宝贵的财政资金盘活投入到其他民生领域。同时，财政资金以补贴、担保等方式间接支持公共住房建设，可以发挥财政资金的"四两拨千斤"的杠杆作用，吸引民间资本进入保障房建设。

3.6.2 多元化社会资本参与公共住房建设

国外发达国家和地区非常注重采取多种方式，将多元化的社会资本引入公共住房建设。一方面，部分国家统筹全民公共基金为公共住房建设提供资金。如新加坡通过中央公积金局和新加坡政府投资管理公司，将中央公积金以购买特别政府债券的方式，引入公共住房建设。日本早期也通过住宅金融公库和财政投融资体制，统筹邮政储蓄、国民养老金和基本人寿保险等投资期限较长的资金，用国家信用归集起来，与公共财政资金协调，用于支持公共住房建设。另外更为重要的一方面是，大部分国家广泛吸引多种民间资本参与公共住房建设。例如，英国成立住房金融公司，以发行债券或借款等各种融资方式，从民间资本市场融取资金，并将这些资金以较低的利率和较长的期限转贷给注册社会住房业主等可负担住房供应主体。美国通过投资门槛低、分散投资的房地产投资信托基金，吸引各类民间资本，甚至家庭储蓄，参与房地产建设。

除了吸引民间资本参与公共住房建设以外，各国也出台各种措施，鼓励民间持有公共住房。如新加坡通过"居者有其屋计划"下建屋发展局提供的优惠住房抵押贷款，吸引居民购买"组屋"。德国、美国分别通过健全的住房储蓄制度和住房抵押贷款市场，鼓励居民自购或自建住房。英国政府则通过"大规模自愿转换"（Large Scale Voluntary Transfer，LSVTs）计划，将原由地方政府持有的大部分存量可支付住房转让给民间的住房协会，由住房协会负责运营。德国政府更是全面退出公共福利房的供应，政府通过提供优惠政策，鼓励私人机构兴建公共住房并负责运营。

引导多元化社会资本参与公共住房建设，并由个人或民间机构持有和运营公共住房，有利于充分发挥民营企业和非营利机构的作用，多渠道解决中低收入居民的住房问题。同时，政府通过政府基金或国有金融机构向住房开发企业提供低息贷款或贷款贴息，或者依靠非营利机构进行公共住房建设，如公司合营的公司、住房合作社和住房协会等，政府向其税收优惠和低息贷款，并在其运营出现赤字时提供援助。

3.6.3　专门的公共住房金融机构

为了支援保障房建设，世界上多数发达国家都成立了专门的公共住房金融机构，如日本的住宅金融公库（后改制为住房金融支援机构）、英国的住房与社区署和住房金融公司，专门为公共住房提供融资服务，新加坡成立的建屋发展局甚至集公共住房融资、建设和运营全功能为一体。这些专门的公共住房金融机构，通常由政府发起，是具有一定的政策性的非营利机构。专门的公共住房金融机构从多种渠道筹集资金，包括政府性基金、中央公积金和私人部门的资金，保障公共住房开发主体能取得充足的资金。此类机构通常不以营利为目的，例如英国的住房金融公司将从私人部门取得的资金以成本价格贷给可负担住房的供应主体，大幅降低了供应主体的融资成本。此外，政策性公共住房金融机构还会提供相应的担保机制（如英国住房与社区署的社会住房基金次级贷款），降低了公共住房供应主体的运营风险和民间资本的投资风险。

总而言之，设立专门的公共住房政策性金融机构，一方面可以站在国家的高度，统筹财政性资金和全国公共性资金支援保障性住房建设，实现保障房资金的跨区域配置；另一方面可以通过政府主导型创新，使用各类融资模式，克服民间资本进入保障房建设动力不足的问题，鼓励私人企业参与公共住房建设，吸引民间资本投资公共住房。建立专门的公共政策性金融机构，还可以避免保障房与普通商品房争夺融资资金，在支援保障房建设的同时，不会对商品住房的供给造成制约。

3.6.4　完善的住房金融体系

无论是德国的住房储蓄制度，新加坡的公积金制度，还是美国的以吉利美、房地美和房利美为主体的住房抵押贷款体系，住房金融体系都在住房保障政策实施中发挥着非常重要的作用。政府通过强制储蓄或推出激励措施，鼓励居民进行住房储蓄，或者通过相关优惠政策制度安排，鼓励居民通过贷款到市场中购买自有住房。住房金融体系一方面可以为公共住房建设提供资金，如新加坡将中央公积金以购买政府债券的方式投入组屋建设，增加公共住房的供给；另一方面可以为购房者提供利息较为优惠的住房抵押贷款，提高居民的住房自有率。

保障房作为全国性的房地产项目，是一个庞大的工程，需要一套完善的金融体系作为支持。保障房融资不能一味地由政府通过行政手段强行推动，否则，不但可能会造成资金使用的低效率，更会挤占金融市场上宝贵的信贷资源。建立完善的住房金融体系，充分发挥市场的力量配置资金，提高资金的使用效率，使多元化社会资本能够最有效地支持保障房建设。因此，一个完善的住房金融体系对于保障房建设来说不可或缺。

| 第 4 章 |

我国保障房融资的现状及问题

4.1 我国保障房的构成与特征

4.1.1 我国保障房体系的发展

随着我国保障政策的变迁，我国的保障房体系从提出、建立到逐步完善的过程，大致可分为四个阶段（见图 4 - 1）。

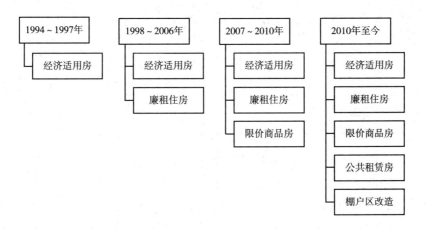

图 4 - 1 我国保障性住房体系演变历程

资料来源：中国指数研究院．保障房专题研究：历史、现状、趋势、策略 ［R］．中国指数研究院，2011。

（一）提出与建立阶段（1994～1997 年）

保障性住房，在城镇住房制度改革的伊始就提出了。1994 年 7 月，为了促进住房商品化以及住房建设的发展，改善居民的住房条件，国务院颁布《关于深化城镇住房制度改革的决定》，住房制度改革初步启动，在全国范围内确立了住房社会化、商品化的改革方向，提出建立以高收入家庭为对象的商品房供应体系。另一方面，为了保障中低收入家庭的利益，建立具有社会保障性质、以中低收入家庭为对象的经济适用住房供应体系。经济适用房作为第一类保障性住房，在中央文件中正式出现。但由于 1998 年以前，我国仍以福利分房为主，经济适用房的建设并未真正得到广泛开展。

（二）逐步规范阶段（1998～2006 年）

经济适用房大规模启动建设是在 1998 年。为贯彻"十五大"精神，1998 年国务院发布了《关于进一步深化城镇住房制度改革加快住房建设的通知》，停止住房实物分配，实行货币化的住房分配，对不同收入的家庭实行不同的住房供应政策。《通知》确立了以经济适用房为主的多层次城镇住房供应体系，全国各地广泛开始经济适用房建设，经济适用房获得快速发展，开工面积逐年成倍增加，成为中收入家庭住房的主要选择。然而对于大量低收入家庭来说，经济适用房价格依然超出了他们的经济承受能力。为了解决中低收入家庭的住房困难，国务院提出建设廉租住房，进一步完善了我国保障房体系。至此，我国确立了对最低收入家庭租赁政府提供的廉租住房，中低收入家庭购买经济适用住房，其他收入高的家庭购买或租赁商品住房的三个层次的住房体系。

然而 2003 年后，住房供应过度市场化，保障房的建设进展较为缓慢。2003 年，国务院发布《国务院关于促进房地产市场持续健康发展的通知》（国发〔2003〕18 号），将房地产产业作为国民经济的支柱产业，普通商品房取代经济适用房成为住房市场的供应主体。住房供应过度市场化，导致保障房建设、供应不足。经济适用房的各种问题开始出现，质疑声也越来越大。

（三）快速发展阶段（2007～2010 年）

2007 年，国务院发布《国务院关于解决城市低收入家庭住房困难的若干意见》，将廉租住房的覆盖范围从"最低收入家庭"扩大到"低收入家庭"，提高廉租住房在保障性住房中的比重，并着重安排了廉租住房的三大资金来源：地方财政的廉租住房保障资金专门年度预算安排、提取贷款风险准备金和管理费用之后全部的住房公积金增值收益和不低于 10% 的土地出让净收益。该政策标志着房地产政策重点重新回到了保障房，保障房的建设重新受到重视。至此，我国建立了廉租住房、限价房和经济适用房并行的保障房体系，保障性住房制度开始从经济适用房向廉租住房、限价房转型。

（四）政策转型阶段（2010 年至今）

2009 年后，社会上出现了许多既买不起经济适用房，又不够廉租住房申请条件的"夹心层"。为了解决城市中等偏低收入家庭的住房问题，2010 年 6 月，住房城乡建设部等七部门联合发布《关于加快发展公共租赁住房的指导意见》，公共租赁住房作为一个过渡性方案出台。与廉租住房相比，公共租赁的运作市场化程度更高，操作更灵活，在建设中大受中央和各地政府的欢迎。2012 年 5 月，住建部公布《公共租赁住房管理办法》，在申请与审核、轮候与配租、使用与退出等方面对公共租赁住房做出了具体规定。至此，我国形成了廉租房、公共租赁住房、经济适用房以及限价房四位一体的保障性住房体系。

近年来，为改善困难群众住房条件，缓解了城市内部二元矛盾，提升了城镇综合承载能力，国家开始着手进行棚户区改造工程。至此，我国已经形成了多层次的保障性住房体系，有覆盖住房困难家庭中收入水平相对较高的直接出售类的限价商品房和经济适用房，覆盖住房困难家庭中收入水平相对较低的租赁类的公共租赁住房和廉租住房，以及为改善棚户区家庭住房条件的棚户区改造房。

展望未来，公共租赁房的比重会进一步提升，住建部已开始考虑将"公租房并轨"作为调整现有住房供应体系的突破口，经济适用房供应将逐步减少直至全部取消。

4.1.2　我国保障房建设的相关政策

保障房建设是一个复杂的系统工程，搞好保障性住房建设，需要各种相关政策的协调和配合，主要包括土地政策、税费政策和融资政策。

（一）土地政策

土地供给政策是保障房建设最基础、最根本的一环，确保土地足量供应是保障房建设的关键。各类保障房的建设都需要一定的土地作为最基本的前提条件，不同的土地供给政策，对保障房建设的规模与成本、保障的效果都有着显著的影响。我国保障房建设的土地政策，以行政划拨方式为主，近几年逐渐向有偿转让方式转变，具体不同种类的保障房土地政策不尽相同。

1998 年，国务院在《关于进一步深化城镇住房制度改革加快住房建设的通知》中提出，经济适用房建设用地在建设用地年度计划中统筹安排，并采取行政划拨方式供应。经济适用房建设土地划拨供应的方式在 2004 年发布《经济适用住房管理办法》中得到进一步的确认。这一原则成为我国保障房建设主要的土地政策，并且在经济适用房建设上一直沿用至今。

廉租住房方面，2004 年的《城镇最低收入家庭廉租住房管理办法》规定，政府新建的廉租住房建设用地实行行政划拨方式供应。廉租房的土地供应政策与经济经适用房相同。

公共租赁房方面，2010 年住房与城乡建设部发布的《关于加快发展公共租赁住房的指导意见》中提出，面向经济适用住房对象供应的公共租赁住房，建设用地实行划拨供应，其他方式投资的公共租赁住房，建设用地可以采用出让、租赁或作价入股等方式有偿使用。具体各地的操作情况不一。天津、甘肃等地公共租赁住房建设用地全部采用划拨方式供应，其他多数地区采用划拨与出让结合、以划拨为主的方式，而北京、上海等地公共租赁住房的土地供应则以出让为主。2012 年，整体上全国公共租赁房用地 4874.7 公顷，其中以划拨方式供应 3605.27 公顷，占比 74%，以出让方式供应 1269.43 公顷，占比 26%。

限价房方面，2006 年九部委联合发布的《关于调整住房供应结构稳定住房价格的意见》中提出，土地的供应在限套型、限房价的基础上，采取竞地价的办法，以招标方式确定开发建设单位。即限价房以有偿出让的方式供应土地。

保障房建设的土地政策除了对土地供应的方式做出规定之外，还土地供应结构上向保障房建设用地倾斜，优先保证保障性住房的土地供应。《关于调整住房供应结构稳定住房价格的意见》中要求，中低价位、中小套型的商品住房和保障性住房的年度土地供应不得低于居住用地供应量的 70%，优先保证其用地供应。

（二）税费政策

为了降低保障房的开发成本，鼓励企业参与保障房建设，国家出台了多种税费优惠政策，具体包括税收减免、行政事业性收费减免和政府性基金减免三类。

税收方面，国家出台的促进保障房建设和运营的相关税收优惠政策文件主要有：财政部国家税务总局《关于廉租住房经济适用住房住房租赁有关税收政策的通知》（财税 [2008] 24 号）、《关于城市和国有工矿棚户区改造项目有关税收优惠政策的通知》（财税 [2010] 42 号）和《关于支持公共租赁住房建设和运营有关税收优惠政策的通知》（财税 [2010] 88 号），主要涉及城镇土地使用税、营业税、房产税、土地增值税、印花税、契税等税种的减免。

行政事业性收费方面，对保障房项目免征防空地下室易地建设费、城市房屋拆迁管理费、工程定额测定费、白蚁防治费、建设工程质量监督费等全国性行政事业性收费。政府性基金方面，对保障房项目免征城市基础设施配套费、散装水泥专项资金、新型墙体材料专项基金、城市教育附加费、地方教育附加费、城镇公用事业附加等全国性政府性基金[①]。

随着保障房建设的推进，相关税费的减免优惠范围不断扩大，而且优惠政策更加具体。

（三）融资政策

保障房的建设、运营等环节都需要大量的资金支持，充足的资金是保障房建设的重要保障。近年来，为了筹集充足的资金保证保障房的建设与运营，国家出台了多项政策，为保障房融资提供便利。

为了鼓励银行贷款支持保障房建设，人民银行、银监会于 2008 年出

---

① 创新支持方式加大投入力度——财政部部长助理王保安谈保障房建设 [EB/OL]. http：//www. gov. cn/jrzg/2011 - 01/20/content_1788686. htm

台了《经济适用住房开发贷款管理办法》（银发〔2008〕13号发）和《廉租住房建设贷款管理办法》（银发〔2008〕355号发），并于2011年下发了《认真做好公共租赁住房等保障性安居工程金融服务工作的通知》（银发〔2011〕193号），对保障房开发贷款按照风险可控、商业可持续原则给予积极支持，鼓励地方政府采取贴息方式对保障房建设和运营给予支持。

为了利用住房公积金支持保障房建设，住房与城乡建设部于2010年出台了《利用住房公积金支持保障性住房建设试点项目管理办法》（建金〔2010〕101号发），提出在保证缴存职工提取和个人住房贷款、留足备付准备金后，可将50%以内的住房公积金结余资金用于发放住房公积金支持保障性住房建设项目贷款。

为了利用债券融资支持保障房建设，发改委于2011年下发了《关于利用债券融资支持保障性住房建设有关问题的通知》（发改办财金〔2011〕1388号）。支持符合条件的地方政府投融资平台公司和其他企业，通过发行企业债券进行保障性住房项目融资，并要求地方政府投融资平台公司发行的企业债券优先用于保障性住房建设。

为了鼓励民间资本参与保障房建设，住建部、发改委、财政部等7部委于2012年6月联合发布了《关于鼓励民间资本参与保障性安居工程建设有关问题的通知》（建保〔2012〕91号），支持、鼓励和引导民间资本，以多种方式参与保障性安居工程建设。

在一系列政策的引导下，我国保障房建设的融资渠道不断拓宽，而且在政策上受到贷款贴息、债券优先审批等政策优惠，为保障房建设提供了资金支持，在一定程度上缓解了保障房融资难的问题。

4.1.3 我国保障房的建设情况

关于我国保障房的建设可以分为两个阶段。2008年以前，保障房建设长期以经济适用房为主，全国层面关于保障房建设的统计数据也以经济适用房为主，其他形式的保障房统计数据并不完整。2008年后，国家开始着重发展多层次的保障房体系，政府在每年初的政府工作报告中明确当年的保障房建设任务，地方自主申报当年任务或与中央签订住房保障工作目标责任书，并进行年终考核。

（一）2008年前保障房建设以经济适用房为主

1998年，国家决定停止住房实物分配，结束了福利分房制度，建立住房分配货币化、住房供给商品化、社会化的住房新体制，经济适用房建设的力度逐渐加大。1997~2010年，我国经济适用房建设情况如表4-1所示。

表4-1　　　　　　　　　1997~2010年经济适用房建设情况

年份	投资完成额（亿元）		新开工面积（万平方米）		销售面积（万平方米）		平均销售价格（元/平方米）	
	经济适用房	占住宅的比例	经济适用房	占住宅的比例	经济适用房	占住宅的比例	住宅	占住宅的比例
1997	185.50	12.1%	1720.57	15.6%	1211.85	15.4%	1790	1097
1998	270.85	13.0%	3466.40	20.8%	1666.50	15.4%	1854	1035
1999	437.02	16.6%	3970.36	21.1%	2701.31	20.8%	1857	1093
2000	542.44	16.4%	5313.32	21.8%	3760.07	22.7%	1948	1202
2001	599.65	14.2%	5795.97	19.0%	4021.47	20.2%	2017	1240
2002	589.04	11.3%	5279.68	15.2%	4003.61	16.9%	2092	1283
2003	621.98	9.2%	5330.58	12.2%	4018.87	13.5%	2197	1380
2004	606.39	6.9%	4257.49	8.9%	3261.80	9.6%	2608	1482
2005	519.18	4.8%	3513.45	6.4%	3205.01	6.5%	2937	1655
2006	696.84	5.1%	4379.03	6.8%	3336.97	6.0%	3119	1729
2007	820.93	4.6%	4810.26	6.1%	3507.52	5.0%	3645	1754
2008	970.91	4.3%	5621.86	6.7%	3627.25	6.1%	3576	1929
2009	1134.08	4.4%	5354.65	5.7%	3058.85	3.5%	4459	2134
2010	1069.17	3.1%	4909.54	3.8%	2748.87	2.9%	4725	2495

注：自2012年开始，国家统计局不在商品房大类中单列经济适用房，因此缺少2011年与2012年的统计数据。

数据来源：中国统计年鉴（2001~2002年）。

我国经济适用房的建设规模基本处于逐年扩大的趋势，1997～2010年，经济适用房投资完成额、新开工面积、销售面积的年均增长率分别高达14.4%、8.4%、6.5%（见图4-2～图4-4）。但是经济适用房占同期商品住宅的比重却出现先升后降趋势。1997～2010年，我国经济适用房的建设增长很快，出现了规模和比例的双升。2000年，经济适用房的销售面积占同期住宅的销售面积的比重高达22.7%。而2000年之后，国家开始大力发展房地长行业，重视商品房建设对国民经济的拉动作用，"住房供应主体"由经济适用房变为为普通商品房，经济适用房的地位有所回落。虽然经济适用房的建设规模继续扩大，但占同期商品住宅的比重却逐年回落。近年来，我国逐渐开始重视建设多层次的保障房体系，大力发展公共租赁住房，经济适用房的建设进一步萎缩，2010年出现了规模与比重的双降，销售面积仅占新建住宅的2.9%。

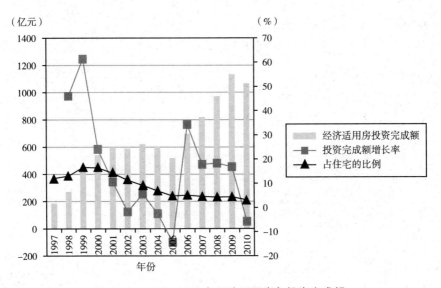

图4-2　1997～2010年经济适用房年投资完成额

（二）2008年后多层次的保障房体系

自2008年起，我国开始发展多层次的保障房体系，重视公共租赁住房、廉租住房的建设，二者的比重也开始增加。中央政府每年都会在年初的政府工作报告中制定明确的年度建设计划，地方政府对任务进行分解并申报目标。

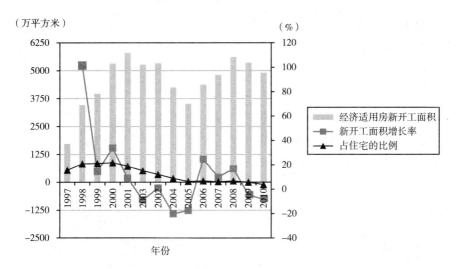

图 4-3 1997~2010 年经济适用房年新开工面积

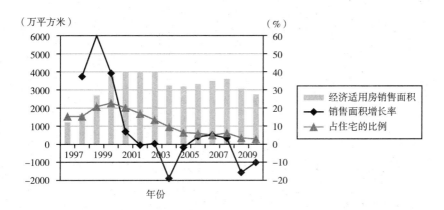

图 4-4 1997~2010 年经济适用房年销售面积

2009 年，中央财政安排保障性安居工程补助资金 551 亿元，新建、改扩建各类保障性住房 200 万套，棚户区改造解决住房 130 万套，共计 330 万套；计划 2010 年安排保障性住房专项补助资金 632 亿元，建设保障性住房 300 万套，各类棚户区改造住房 280 万套，共计 580 万套[①]。2010 年，全国各类保障性住房和棚户区改造住房开工 590 万套，基本建成 370 万套[②]，计划 2011

---

① 2010 年政府工作报告
② 王炜. 保障房建设提速扩面 [N]. 人民日报，2011-02-28：1

年安排中央财政预算补助资金 1030 亿元，开工建设保障性住房、棚户区改造住房共 1000 万套，改造农村危房 150 万户①，完成 400 万套。另外，"十二五"规划中提出，计划五年建设城镇保障性住房和棚户区改造住房 3600 万套（户），到 2015 年全国保障性住房覆盖面达到 20% 左右。2011 年，中央财政安排资金 1713 亿元，全年城镇保障性住房基本建成 432 万套，新开工建设 1043 万套②，计划 2012 年新开工建设保障性住房和棚户区改造住房 700 万套以上，基本建成 500 万套以上③。2012 年，全国城镇保障性安居工程开工 768.83 万套、基本建成 590.20 万套（含竣工 453.59 万套)④，计划 2013 年基本建成城镇保障性住房 470 万套、新开工 630 万套⑤。（见图 4 - 5）

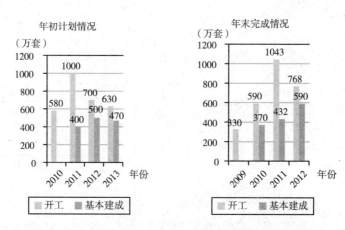

图 4 - 5　2009 ~ 2013 年城镇保障性住房建设计划与完成情况

根据以上数据可以看出，2008 年以来，我国的保障房建设获得了跨越式发展，中央立定的硬指标与地方的军令状结合，保证了保障房的建设，最近三年每年年末的开工套数和基本建成套数都完成了年初制订的计划。保障性住房的开工量在 2011 年达到顶峰，当年共开工 1043 万套。2012 年和 2013 年，保障性住房的开工量有所回落，但建成量继续增加，2012 年基本建成 590 万套。据

---

① 2011 年政府工作报告
② 2012 年政府工作报告
③ 全国住房城乡建设工作会议召开 [EB/OL]. 住建部网站，2011 - 12 - 24
④ 审计署. 2012 年城镇保障性安居工程跟踪审计结果 [R]. 审计结果公告 2013 年第 29 号
⑤ 2013 年政府工作报告

此估计，完成"十二五"期间建设 3600 万套保障房的任务问题不大。

关于保障房建设中各类保障房的结构，未从公开途径获得全国口径的数据，但我们可以从国土资源部每年初公布的《全国住房用地供应计划》和年末公布的《全国住房用地供应情况》中各类保障房的用地情况来估计（见表 4 - 2、图 4 - 6）。

表 4 - 2　　　　　　　　　　2005～2013 年各类保障房用地情况　　　　　　　　单位：公顷

年份	经济适用房	廉租住房	公共租赁房	限价商品房	棚户区改造工程	保障房用地合计	住宅用地合计
2005	5100.52	—	—	—	—	—	39044.08
2006	3971.08	—	—	—	—	—	45131.75
2007	5974.84	223.62	—	—	—	—	57498.08
2008	7259.13	650.77	—	—	—	—	55093.59
2009	9725.44	1232.86	—	—	—	—	76460.89
2010	12440.75	3509.10	190.25	1552.95	14725.40	32418.46	125381.85
2011	10943.32	8118.90	4512.17	3819.15	20684.68	48078.22	135885.27
2012	10698.08	5887.07	4874.70	2480.84	14308.81	38249.50	114907.88
2013	7961.55	5710.05	5818.16	3977.48	18075.87	41543.09	150760.25

注：2013 年为年初计划值。

资料来源：2005～2006 年：国土资源部.2006 年全国土地市场动态监测分析报告；2007～2009 年：国土资源部.2009 年全国土地市场动态检测分析报告；2010～2012 年：国土资源部.全国住房用地供应情况（2010～2012 年，历年）；2013 年：国土资源部.2013 年全国住房用地供应计划。

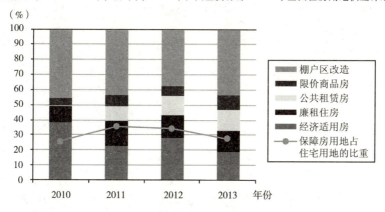

图 4 - 6　2010～2013 年各类保障房用地与保障房用地占住宅用地的比重

根据以上数据，保障房经济适用房的用地面积逐年减少，2010 年经济适用房用地占各类保障房用地总面积的 38.3%，而 2013 年仅有 19.1%，可见经济适用房在保障房体系中的比重不断下降。另一方面，廉租住房、公共租赁住房的用地面积逐年增加，分别由 2010 年的 10.8% 和 0.6% 增加到 13.7% 和 14.0%，可见廉租住房与公共租赁住房在保障房体系中的比重不断上升。

4.2 我国保障房融资现状

充足的资金是保证保障房建设的重要保障。面对逐年提升的保障性住房建设任务，地方政府和建设单位如何获得建设资金，成为现阶段最亟须解决的问题。目前，我国保障房的融资分为政府内源筹集、外源债务融资和民间资本参与三大类。其中，政府内源筹集是指政府作为保障房建设的主导人出资建设保障房并持有所使用的公共财政预算、土地出让净收益和住房公积金增值收益等财政性资金。外源债务融资是指保障房开发企业或地方保障房投融资平台，采用贷款、发行债券或票据等方式，吸引债权投资，并于到期后偿还本息的融资方式筹集的保障房建设资金。民间资本既可以采用债权投资的方式，享有固定的利息收益并与到期后收回本金，也可以采用权益投资的方式，出资建设保障房并持有享有产权，通过转让或者租金获得收益。

4.2.1 政府内源筹集

政府是目前我国保障房的供应主体，全国各级财政的资金投入是主要的内源融资方式。具体包括公共财政预算投入、土地出让净收益的和住房公积金增值收益三项。

根据财政部的数据，2012 年，全国各级财政资金用于全国保障性安居工程的支出 3800.43 亿元。其中，公共财政预算支出 3123.32 亿元，占

82.2%；住房公积金增值收益支出 84.10 亿元，占 2.2%；土地出让收益支出 593.01 亿元，占 15.6%。①（见图 4 - 7）

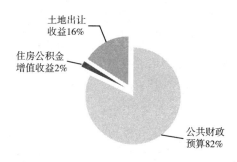

图 4 - 7　2012 年保障房融资财政性资金结构

资料来源：财政部.2012 年财政支持保障性安居工程建设情况。

由于经济适用房、限价商品房等只售不租类保障房目前主要采取政府提供政策支持、开发商垫资开发的运行方式，融资通常由开发商进行，因此政府的内源融资主要用于廉租住房、公共租赁住房和棚户区改造工程等。同样根据财政部的数据，2012 年，全国各级财政资金用于全国保障性安居工程的支出中，廉租住房支出 1005.49 亿元，占 26.5%；公共租赁住房支出 1045.51 亿元，占 27.5%；各类棚户区改造支出 654.17 亿元，占 17.2%；农村危房改造支出 485.31 亿元，占 12.8%；游牧民定居工程支出 57.95 亿元，占 1.5%；其他支出 552.00 亿元，占 14.5%（见图 4 - 8）。

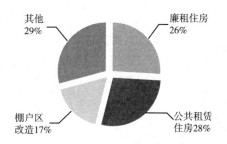

图 4 - 8　2012 年全国各级财政资金用于全国保障性安居工程的使用情况

资料来源：财政部.2012 年财政支持保障性安居工程建设情况。

_____

① 财政部.2012 年财政支持保障性安居工程建设情况

（一）公共财政预算支出

公共财政预算是经法定程序审核批准的具有法律效力的政府年度财政收支计划，与政府性基金预算、国有资本经营预算共同组成国家预算体系。《廉租住房保障办法》、《公共租赁住房管理办法》均要求中央和地方政府将保障资金纳入年度预算安排；2013 年《国务院关于加快棚户区改造工作的意见》中也提出，地方政府可以从城市维护建设税、城镇公用事业附加、城市基础设施配套费等渠道安排资金用于棚户区改造支出。目前，支持我国保障房建设财政性资金主要为公共财政预算支出，2012 年占到 82%。全国公共财政预算具体可以分为中央公共财政预算与地方公共财政预算两部分。

1. 中央公共财政预算。

中央财政从当年的中央公共财政预算收入中，以保障房专项补助资金的形式，形成中央公共财政预算支出，用于支持保障房建设。中央政府从当年中央公共财政支出预算中安排保障性安居工程补助资金，分为中央本级支出的和对地方转移支付两种形式（见图 4-9）。

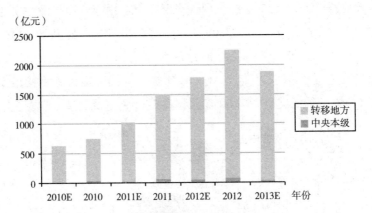

图 4-9 2010～2013 年中央公共财政保障性安居工程补助资金预算与决算情况

注："保障性安居工程"口径为广义保障房的概念，包括农村危房改造、少数民族地区游牧民定居工程等非城镇保障性安居工程，本小节内同。E 指预算数，其他为决算数。

资料来源：财政部. 全国财政决算（2010～2012 年，历年），中央财政预算（2013 年）。

2010 年以来，中央公共财政预算对保障性安居工程的支持力度逐年加大，2012 年的决算数达到 2253.89 亿元，而且当年决算数均超过预算数，下一年的预算数也大于去年决算数（2013 年除外）。使用方式上，用于保障房建设的中央公共财政预算绝大多数通过转移支付的方式拨付到地方使用，中央本级支出的部分很少，2012 年决算数中，有 96.1% 形成对地方的转移支付，仅有 3.9% 在中央本级支出。这与我国目前保障房建设的主要实施主体为地方政府有很大的关系。

2. 地方公共财政预算。

地方财政从当年地方本级公共财政预算收入中，拨付资金形成地方公共财政支出，用于支持保障房建设；同时，中央财政公共预算中对地方政府的转移，也形成地方公共财政预算。2012 年，地方公共财政预算中用于保障性安居工程的决算额高达 3061.64 亿元。其中，大部分为中央的转移支出，2012 年为 2166.72 亿元，占到 70.8%，地方本级公共财政预算支出仅占 29.2%。（见表 4 - 3、图 4 - 10）

表 4 - 3　　　　　　2009 ~ 2012 年地方公共财政保障性安居工程

支出预算与决算情况　　　　　　　单位：亿元

年份	地方公共预算		不含中央转移的地方公共预算	
	预算数	决算数	预算数	决算数
2009	638	699.54	—	—
2010	818	1194.34	202	463.8
2011	1459	2542.62	457.97	1098.25
2012	2917	3061.64	1183.85	894.92

注：中央财政公共预算中对地方政府的转移形成地方公共财政预算。

资料来源：财政部. 全国财政决算（2009 ~ 2012 年，历年）。

3. 全国公共财政预算支出。

全国公共财政用于保障性安居工程支出近年来高速增长，从 2010 年 1228.66 亿元增长到 3148.81 亿元，年均增长率高达 60%。

从中央公共财政预算与地方公共财政预算保障性安居工程决算支出对比上来看，中央政府的预算投入远远大于地方政府。2012 年，中央与地方的公共预算投入约为 2.5：1。（见图 4 - 11）

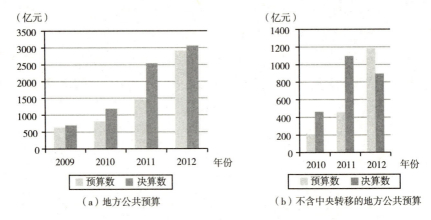

图 4 – 10 2009～2012 年地方公共财政保障性安居工程支出预算与决算情况

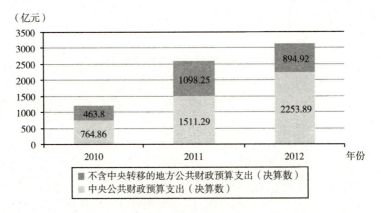

图 4 – 11 中央公共财政预算与地方公共财政预算
保障性安居工程决算支出对比

资料来源：财政部．全国财政决算（2010～2012 年，历年）。

从资金支持的保障房结构来看，用于城镇保障性安居工程的预算支出从 2010 年的 920.89 亿元增长到 2035.52 亿元，年均增长率高达 49%（见表 4 – 4、图 4 – 12）。其中，主要用于廉租住房、公共租赁住房和棚户区改造工程。用于公共租赁住房的支出连年增长，2012 年占用于保障性安居工程总支出的比例高达 27%。廉租住房的经过一年增长后有所回落，这与近年来我国大力发展公共租赁住房的挤出效应有很大关系。

表 4 - 4	近三年保障性安居工程全国公共财政预算支出		
	（决算额）及结构		单位：亿元

保障房种类	2010 年	2011 年	2012 年
廉租住房	689.64	840.28	596.85
公共租赁住房	—	645.01	858.59
棚户区改造	231.25	555.12	580.08
城镇保障性安居工程支出小计	920.89	2040.41	2035.52
其他保障性安居工程支出	307.77	569.13	1113.29
合计	1228.66	2609.54	3148.81

资料来源：财政部. 全国财政决算（2010～2012 年，历年）。

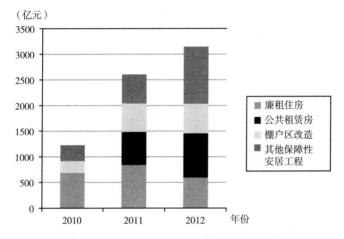

图 4 - 12　近三年保障性安居工程全国公共财政预算支出结构（决算数）

资料来源：财政部. 全国财政决算（2010～2012 年，历年）。

（二）土地出让净收益

土地出让净收益为当年实际收取的土地出让总价款扣除实际支付的征地补偿费（含土地补偿费、安置补助费、地上附着物和青苗补偿费）、拆迁补偿费、土地开发费、计提用于农业土地开发的资金以及土地出让业务费等费用后的余额[①]。

---

① 廉租住房保障资金管理办法

　　根据财政部与 2007 年印发的《廉租住房保障资金管理办法》，土地出让净收益中应按照不低于 10% 的比例，专项安排用于廉租住房保障。从 2010 年开始，可将从土地出让净收益中安排不低于 10% 的廉租住房保障资金统筹用于发展公共租赁住房[1]。从 2011 年起，根据财政部、住房城乡建设部的通知，不低于 10% 的土地出让净收益除了用于廉租住房、公共租赁住房外，还可统筹用于城市和国有工矿棚户区改造等保障性安居工程[2]。

　　土地出让收益属于地方政府性基金收入，在年度《地方政府性基金收入决算表》中单独列示，并在年度《地方政府性基金支出决算表》列示各项用途（见表 4-5）。

表 4-5 　　　　　**2010~2012 年土地出让净收益用于保障房建设的比例**　　单位：亿元

项　　目	2010 年	2011 年	2012 年
廉租住房	422.01	519.96	355.73
公共租赁房			170.27
棚户区改造			68.2
合计	422.01	519.96	594.2
土地使用权出让金收入	28197.70	31140.42	26652.40
土地使用权出让金净收益	10695.12	6933.45	4640.59
土地使用权出让金净收益用于保障房的比例	4%	7%	13%

　　资料来源：财政部. 全国财政决算（2010~2012 年，历年）。

　　根据图 4-13 数据显示，2010 年以来，用于保障房的土地出让净收益每年有所增长，但增长幅度不大。虽然使用权出让金净收益用于保障房的比例逐年增加，但是由于土地使用权出让金收入增幅减缓，成本大幅增加，导致土地使用权出让金净收益规模大幅萎缩，从 2010 年的 10695 亿元下降到 2012 年的 46401 亿元，用于保障房的土地出让净收益空间有限见图 4-14。

---

　　① 关于保障性安居工程资金使用管理有关问题的通知
　　② 住房城乡建设部. 关于切实落实保障性安居工程资金加快预算执行进度的通知

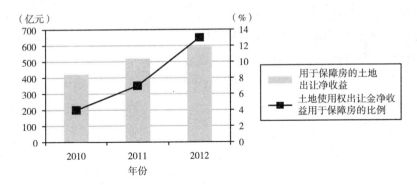

图 4 – 13　2010～2012 年土地出让金净收益用于保障房的情况

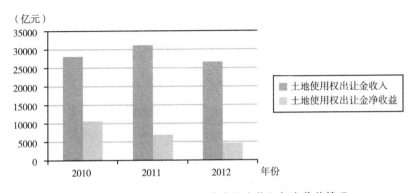

图 4 – 14　2010～2012 年土地出让金收入与净收益情况

　　另一方面，近年地方未按规定从土地出让净收益中按时足额提取廉租住房保障资金的情况较多。根据审计署的数据，2007～2009 年，北京、上海、重庆、成都等 22 个城市从土地出让净收益中提取保障房资金的比例未达到 10%[①]。2010 年和 2011 年，全国层面土地出让净收益中用于保障房的比例分别仅为 4% 和 7%。这一方面是由于一些财力并不富裕的地区，可用于保障房的土地出让金净收益非常有限；另一方面是由于一些经济较为发达的城市土地出让净收益基数较大，以前年度提取资金加上其他渠道筹集的资金已可以满足保障房建设的资金需求，自行降低了提取比例。可见，土地出让金净

---

① 审计署. 19 个省市 2007 年至 2009 年政府投资保障性住房审计调查结果［R］. 审计结果公告 2010 年第 22 号

收益用于保障房建设的情况，各地参差不齐。

2012 年，土地使用权出让净收益用于保障房支出 594.2 亿元，占各类财政性资金的 16%。从土地出让金净收益的用途来看，其中大部分被用于廉租住房（60%），其次为公共租赁住房（29%），另有 11% 被用于棚户区改造。

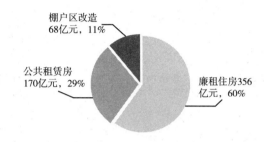

图 4 - 15　土地使用权出让净收益用于保障房支出的结构

（三）住房公积金增值收益

住房公积金收益是指公积金增值收益在提取贷款风险准备金和管理费用之后的部分。目前住房公积金增值收益全额专门用于廉租住房和公共租赁住房的建设。

2002 年修订的《住房公积金管理条例》中规定，住房公积金的增值收益应当存入住房公积金管理中心在受委托银行开立的住房公积金增值收益专户，用于建立住房公积金贷款风险准备金、住房公积金管理中心的管理费用和建设城市廉租住房的补充资金。根据财政部、住房城乡建设部 2011 年发布的《关于切实落实保障性安居工程资金加快预算执行进度的通知》，住房公积金增值收益在计提贷款风险准备金和管理费用后，由财政部门拨付给住房城乡建设（住房保障）部门，专项用于廉租住房和公共租赁住房建设。

2004 ~ 2012 年，当年住房公积金增值收益用于保障房的支出不断扩大，从 2004 年的 20.51 亿元增加到 2012 年的 84.1 亿元，年均增长率高达 19.3%。2012 年，住房公积金增值收益占用于保障房的各类财政性资金的 2.2%（见表 4 - 6、图 4 - 16）。

表 4 - 6　　　　　　2004～2012 年住房公积金收益与用于保障房的支出情况

年　度	住房公积金 增值收益	廉租住房补充 资金总额	累计向同级财政 上缴城市廉租住 房建设补充资金	廉租住房补充 资金余额	当年住房公积金 增值收益用于 保障房的支出
2004	48.6	36.07	15.49	20.58	
2005	72.81	69.77	36	33.77	20.51
2006	101.9	95.77	50	45.77	14
2007	99.61	130.03	79.00	51.03	29
2008	170.10	191.93	96.98	94.95	17.98
2009～2011	—	—	—	—	163.26
2012	—	—	—	—	84.1

注：2008 年后，住建部不再公布住房公积金管理情况，因此 2008 年后的数据不完整。

资料来源：2004～2007 年：住建部（建设部）.全国住房公积金缴存使用情况（2004～2007 年，历年）；2008 年：住建部.2008 年住房公积金管理情况通报；2009～2011 年：财政部.建设保障性安居工程：财政在行动（2012 年）；2012 年：财政部.2012 年财政支持保障性安居工程建设情况。

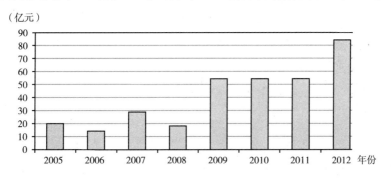

图 4 - 16　2005～2012 年住房公积金收益用于保障房的支出情况

注：2009～2011 年无年度数据，年度数据使用 2009～2011 年累计值的平均值估计。

4.2.2　外源债务融资

外源债务融资是指保障房开发企业或地方保障房投融资平台，采用贷款、发行债券或票据等方式，吸引债权投资，并于到期后偿还本息的融资方式，为保障房建设筹集资金。具体来看，包括银行保障性住房开发贷款、住房公积金支持保障性住房建设项目贷款、发行债券、发行票据等方式。

（一）银行保障性住房开发贷款

长期以来，银行贷款是保障性住房建设过程中一项重要的资金来源。从贷款的来源上来看，银行贷款分为商业银行贷款和政策性银行贷款两类，其中政策性银行贷款主要为国家开发银行发放的贷款。从贷款的发放模式上来看，主要分为两种：对于商业化运作的项目，贷款发放给房地产开发企业或相应的项目公司；对于地方政府投资建设的项目，贷款发放给地方政府融资平台公司。从贷款的用途上来看，分为经济适用住房开发贷款、廉租住房建设贷款、公共租赁住房贷款和用于城市和国有工矿棚户区改造项目的贷款等。不同用途的贷款的发放方式不尽相同。

经济适用住房开发贷款是指贷款人向借款人发放的专项用于经济适用住房项目开发建设的贷款[①]。经济适用住房开发贷款与普通的房地产开发贷款较为类似，借款人通常为房地产开发企业。政策性银行未经批准不能发放经济适用住房开发贷款，贷款不能以流动资金贷款形式发放。贷款期限一般为3年，最长不超过5年。贷款利率按中国人民银行利率政策执行，可适当下浮，但下浮比例不得超过10%。贷款以项目销售收入及借款人其他经营收入作为还款来源。

廉租住房建设贷款是指用于支持廉租住房新建、改建的贷款[②]。借款人是指依法设立的，具有房地产开发资质的，从事廉租住房建设的房地产开发企业。借款用于的廉租住房项目应已纳入政府年度廉租住房建设计划，并按规定取得政府有关部门的批准文件。贷款期限最长不超过5年，贷款利率按中国人民银行公布的同期同档次贷款基准利率下浮10%执行。

公共租赁住房贷款是指用于支持公共租赁住房新建、改建的贷款。公共租赁房贷款的市场化程度较高，对于商业化运作的项目可直接发放贷款给予支持，其他的项目可向政府融资平台公司发放贷款。贷款利率按照一般的利

---

① 人民银行，银监会. 经济适用住房开发贷款管理办法. 银发〔2008〕13 号文印发

② 人民银行，银监会. 廉租住房建设贷款管理办法. 银发〔2008〕355 号文印发

率政策执行，下浮下限为基准利率的 0.9 倍。①

　　总结来看，用于保障房建设的银行贷款有如下特点：第一，贷款利率较低。用于保障房建设的银行贷款利率通常会下浮，下浮下限为 10%，廉租住房建设贷款利率直接下浮 10%。同时，对于企业投资建设和运营管理公共租赁住房的项目，地方财政部门可以对企业给予适当的贷款贴息②。第二，对借款人和借款所用项目要求较高。银行作为独立的金融企业，安全性是其发放贷款的基本准则，因此，通常要求借款人资本金充足、运作规范，项目现金流能够满足贷款本息偿还要求。第三，贷款专款专用，还款来源明确。保障房建设贷款只能用于保障房的新建或改建，还款来源为项目销售收入或政府回购资金。

　　2011 年以来，银行新增保障性住房开发贷款不断增加，余额不断扩大。2012 年，保障性住房开发贷款当年累计新增 1796 亿元，远远超过同期普通商品房房产开发贷款的新增量，占到同期房产开发贷款新增量的 66.50%。进入 2013 年，保障性住房开发贷款有所降温，2013 年三季度保障性住房开发贷款当年累计新增 1134 亿元，比去年同期下降 12.8%，仅占到同期房产开发贷款增量的 28.10%（见图 4 - 17）。这与国家拓展保障房融资渠道，鼓励民间资本参与保障性安居工程建设，有很大的关系。

　　（二）住房公积金支持保障性住房建设项目贷款

　　住房公积金支持保障性住房建设项目贷款是商业银行利用住房公积金结余资金向借款人发放的，专项用于经济适用住房、列入保障性住房规划的城市棚户区改造项目安置用房、政府投资的公共租赁住房的贷款。③

　　近年来，与保障性住房建设资金供给不足状况形成鲜明对比的，是住房公积金大量闲置。为了提高的住房公积金使用率，充分发挥住房公积金对保障性住房建设的支持作用，拓宽保障性住房建设资金来源，2010 年 6 月，住

---

　　①　人民银行，银监会. 关于认真做好公共租赁住房等保障性安居工程金融服务工作的通知. 银发〔2011〕193 号

　　②　财政部. 关于做好 2013 年城镇保障性安居工程财政资金筹措等相关工作的通知. 财综〔2012〕99 号

　　③　住建部，财政部，人民银行，银监会. 利用住房公积金支持保障性住房建设试点项目贷款管理办法. 建金〔2010〕101 号发

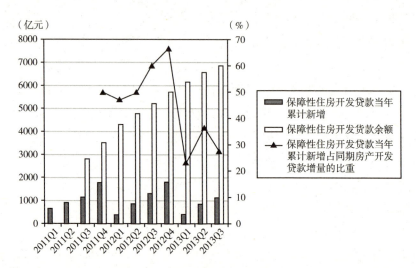

图 4-17　2011 年一季度至 2013 年三季度主要金融机构保障性住房开发贷款情况

注：主要金融机构包括国有商业银行、国家开发银行及政策性银行、股份制商业银行、城市商业银行、邮政储蓄银行。保障性住房包括两限商品住房、经济适用房、政策性租赁房以及廉租房等具有社会保障性质的住房。2012 年起，保障性住房开发贷款中增加棚户区改造项目中的房地产开发贷款。

资料来源：人民银行. 金融机构贷款投向统计报告 2011 年一季度至 2013 年三季度。

建部等四部委发布《利用住房公积金支持保障性住房建设试点项目贷款管理办法》，标志着我国利用住房公积金闲置资金支持保障性住房建设的试点工作正式启动。项目贷款到期后，贷款本息必须全额收回。

2010 年 8 月第一批利用住房公积金贷款支持保障性住房建设试点城市共 28 个，包括：北京、天津、重庆、唐山、运城、包头、大连、长春、哈尔滨、无锡、杭州、淮南、宁波、青岛、济南、福州、厦门、洛阳、武汉、长沙、攀枝花、兰州、昆明、西安、西宁、兰州、银川、乌鲁木齐。

根据相关数据显示，全国住房公积金规模逐渐扩大，截至 2011 年年底，全国住房公积金累计缴存 3.9 万亿元，贷出 1 万亿元，缴存余额高达 2.1 万亿元[①]。住房公积金支持保障性住房建设项目贷款的潜力很大。

---

① 财经网. 中国证监会主席郭树清在《财经》年会 2012 演讲（实录）[EB/OL]. http：//e-conomy. caijing. com. cn/2012－11－22/112303963. html

（三）发行债券

企业债券具有期限长、利率低的优势，当前是保障性住房项目通过市场融资的较好工具。目前，发行债券进行保障房项目融资目前存在两种方式，一种是由地方政府投融资平台或参与保障性住房建设项目的其他企业发行债券，另一种是由地方政府发行地方政府债券。

为了充分发挥企业债券融资对保障性住房建设的支持作用，发改委于2011 年 6 月发布的《关于利用债券融资支持保障性住房建设有关问题的通知》要求地方政府投融资平台公司发行的企业债券要优先用于保障性住房建设。同时支持通过发行企业债券进行保障性住房项目融资，优先为用于保障性住房建设的企业债券办理核准手续。

地方政府债券的发行存在两种方式。第一种是由中央政府代发，2009 年开闸，以省、自治区、直辖市和计划单列市政府为发行和偿还主体，由财政部代理发行并代办还本付息和支付发行费[①]；第二种是地方政府自行发行，从 2011 年开始试点，试点省（市）在国务院批准的发债规模限额内，自行组织发行本省（市）政府债券，由财政部代办还本付息[②]。

值得注意的是，地方政府为建设保障房而发行的地方政府债券，根据财政相关规定，收支实行预算管理，纳入地方政府公共财政预算，以当地政府的税收收入或非税收入作为还本付息的来源，因此本质上属于内源融资中的公共财政预算支出，不属于外源融资。但是鉴于二者在融资方式上的相似性，本研究在本小结一并对二者进行讨论。相较于其他融资工具，地方政府债券和企业债券具有如下一些优点：

1. 融资期限与保障房建设运营周期的匹配性。

大部分中长期债券的期限在 20 ~ 30 年左右，基于住房的耐用长久特性，只租不售类保障房建设运营周期也一般是 20 ~ 30 年左右。中长期债券融资能很好地覆盖保障房的整个建设运营管理周期，实现保障房运营资金长期持续平衡，有效地减少资金财务风险。

---

① 财政部. 2009 年地方政府债券预算管理办法. 财预〔2009〕21 号文发
② 财政部. 2011 年地方政府自行发债试点办法. 财库〔2011〕141 号文发

2. 融资快捷，利率和融资成本较低。

发行固定利率债券能锁定成本，降低未来利率大幅上升导致的还款压力，有效规避和降低作为借款人的各个建设运营管理主体（地方政府、企业）的违约风险。

3. 以债券方式投资保障性住房的"乘数效应"明显。

通过发放地方债券，加大政府资金的投入，可以吸引更多的社会资本及银行信贷资金，可以达到"乘数效应"，起到四两拨千斤的作用。

根据发改委的数据，2011～2012 年共发行募集资金设计保障房建设的企业债券 2350 亿元[①]，为保障房建设提供了有力的资金支持。但是目前，地方政府及融资平台挪用保障房债券资金的行为时有发生，募集资金的使用往往与承诺不符。针对这一问题，国家发改委近期发起针对募集资金使用情况的全面系统排查。

（四）发行票据

目前，用于保障房融资的票据主要有中期票据（medium term note，MTN），非公开定向债务融资工具（private placement note，PPN）和资产支持票据（asset-backed note，ABN）三种。这三种工具均在中国银行间交易市场协会以注册的方式发行。

中期票据，是非金融企业在银行间债券市场按照计划分期发行的债务融资工具[②]。中期票据是央行推出的一种直接融资产品，是一种由企业发行的无担保债券，期限在 1～5 年之间。用于保障房建设融资的中期票据的发债主体通常为房地产开发企业，发行对象为中国银行间债券市场的机构投资者。

非公开定向债务融资工具，简称定向工具，是指在银行间债券市场以非公开定向发行方式发行的债务融资工具。定向工具是私募债券的一种，其特点是非公开发行和定向发行。定向发行中，发行人与投资人的协商在注册之

---

① 发改委. 关于开展保障房项目企业债券募集资金使用情况检查的通知. 发改办财金 ［2013］742 号

② 中国银行间交易市场协会. 银行间债券市场非金融企业中期票据业务指引. 中国银行间市场交易商协会公告 ［2008］第 2 号发

前基本完成。同时，由于采取非公开方式发行，利率、规模、资金用途等条款可由发行人与投资者通过一对一的谈判协商确定，发行信息披露要求较低、注册程序便捷。

资产支持票据是指由基础资产所产生的现金流作为还款支持的债务融资工具①。资产支持票据的一个显著特征是还款由基础资产产生的现金流支持。保障房产生的现金流可以较为准确的预测，因此是一种优质的基础资产。但是基础资产不得附带抵押、质押等担保负担或其他权利限制。

根据中国银行间交易市场协会的数据，截至 2012 年年底，有 7 家北京市企业注册发行 249.3 亿元定向工具，对应 7.46 万套保障房建设；青海省投资公司注册发行 50 亿元定向工具，对应青海省 8 个地、州、市 12.76 万套保障房建设；天津市房地产信托集团通过定向方式注册发行 20 亿元资产支持票据，对应 0.58 万套保障房建设②，共计发行票据 319.3 亿元。中短期直接债务融资已经成为保障房建设规范的、市场化的融资渠道之一。进入 2013 年，通过发行票据进行保障房融资的案例进一步增多。

4.2.3　民间资本参与

民间资本是相对于国有资本和外商资本而言的非政府拥有的资本，是掌握在民营企业以及股份制企业中属于私人股份和其他形式的所有私人资本的统称③。民间资本参与保障房建设，可以使建设资金来源多样化，减轻财政负担，大幅度提高公租房的供给水平。为此，住建部、发改委、财政部等七部委于 2012 年 6 月联合发布了《关于鼓励民间资本参与保障性安居工程建设有关问题的通知》，支持、鼓励和引导民间资本参与保障性安居工程建设。《国家基本公共服务体系"十二五"规划》中也明确提出，支持保险资金、信托资金、房地产信托投资基金等投资保障性安居工程建设和运营。

---

① 中国银行间市场交易商协会. 银行间债券市场非金融企业资产支持票据指引. 中国银行间市场交易商协会公告［2012］第 14 号发
② 中国银行间市场交易商协会. 中国银行间市场交易商协会社会责任报告（2013）
③ 张晓琴. 我国民间资本发展问题研究［D］. 上海：华东师范大学，2009；周力锋. 民间资本参与公共租赁房建设运营的风险评价研究［D］. 浙江工业大学，2012

民间资本既可以采用债权投资的方式，享有固定的利息收益并与到期后收回本金，也可以采用权益投资的方式，出资建设保障房并持有享有产权，通过转让或者租金收入获得收益。根据我国目前公租房建设融资现状，民间资本的参与方式主要以债权投资为主。从资金来源上看，其吸引民间资本进入保障房建设领域的主要有以下几种。

（一）房地产开发企业的资金

目前，房地产开发企业可以垫资开发保障项目并于建成后出售或由政府回购，也可以通过直接投资或参与建设参与保障房建设并于建成后持有产权或股权。

一方面，由房地产开发企业垫资代为开发的保障房项目，在开发初期需要房地产企业投入自有资金，结合银行贷款、预售款等资金进行建设施工，完工后从销售款或政府回购款实现资金的回收。另一方面，由房地产开发企业开发并持有相应的产权项目，房地产开发企业的资金以股权的方式投入保障房项目，从项目完工后的运营收入实现投资回报。目前，房地产开发企业投入的自有资金在民间资本中占有较大的比重。

（二）保险资金

保险资金是保险集团（控股）公司、保险公司以本外币计价的资本金、公积金、未分配利润、各项准备金及其他资金[①]。目前，我国保险资金投资渠道狭窄，投资收益率较低，保险资金需要更加合理的投资渠道。为此，保监会 2010 年 9 月发布了《保险资金投资不动产暂行办法》，允许保险资金以债权、股权和物权三种方式投资不动产，这为保险资金参与保障房建设清除了政策上的障碍。"太平洋—上海公共租赁房项目债权投资计划"计划募集资金 40 亿元，主要用于上海地产（集团）有限公司在上海市区建设的约 50 万平方米公共租赁住房项目的建设和运营。此举开创了保险资金以债权方式投资不动产的先河。

（三）信托资金

信托资金是指信托公司通过发行信托计划，从委托人中募集到的资金。

---

① 保监会. 保险资金运用管理暂行办法. 保监会令 2010 年第 9 号发

目前，信托资金参与保障房建设有贷款型信托、股权型信托、混合型信托和权益型信托四种模式，实际中主要为贷款型信托，小部分为股权型信托。信托资金主要从个人和机构投资者中募集，保险公司、银行、证券投资基金和养老金等不得进入。

信托资金参与的保障房项目多为廉租住房、公共租赁住房和棚户区改造工程。信托项目年化收益率一般在 9% 左右，高于银行贷款基准利率，虽然成本稍高，但申请方便、到位快捷、风险控制手段灵活多样。与商业房地产信托相比，保障房类信托产品的平均收益相对低 2 ~ 3 个百分点，但由于其交易对手普遍有国有企业背景，相对风险也较传统的房地产类信托产品稍低。

根据 Wind 资讯的统计，2009 ~ 2012 年，全国信托公司共成立 144 个保障房类集合资金信托计划，共募集资金 265.38 亿元（见图 4 – 18、图 4 – 19）。

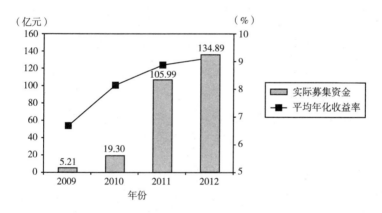

图 4 – 18 2009 ~ 2012 年保障房类集合资金信托计划成立规模与收益率

注：由于各信托公司单一资金信托计划数据不公开，仅统计集合资金信托计划。

资料来源：Wind 资讯。

从资金运用方式上来看，信托资金主要是通过信托贷款的方式投资保障房项目，其次是股权和权益类。对于股权和权益类信托计划，表面上是通过购买项目公司或其他公司股权来投资，但多数情况下同时签订回购协议，投资期限结束后信托计划的份额以固定价格被回购，收益基本是固定的，信托计划对项目也没事实质上的管理权，因此本质上也属于固定收益类的债券融资。

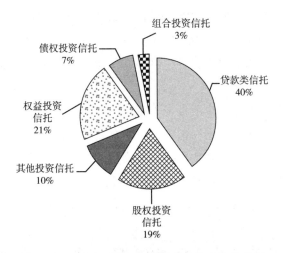

图 4 - 19　2009 ~ 2012 年保障房类集合资金信托
计划按资金运用方式分类

资料来源：Wind 资讯。

（四）全国社会保障基金

全国社会保障基金是中央政府集中的社会保障战略储备，设立于 2000 年 8 月，主要用于弥补日后人口老龄化高峰时期的社会保障需要。全国社会保障基金投资保障房，既可以实现基金的保值增值，又可以直接支持社会保障体系的建设。

（五）私募股权基金

私募股权基金一般是指从事私人股权（非上市公司股权）投资的基金。与信托资金相比，私募股权基金的一大优势就是监管门槛低，对项目没有硬性要求，可以根据保障房的实际建设情况因地制宜。投资方式上一般进行股权投资，投资期限较长。相对应的，私募股权资金承担的风险较大。私募股权基金是普通民间资本参与保障房建设较为便捷的方式。

2013 年 8 月，瑞银环球资产管理（中国）有限公司、上海市虹口区公租房公司、太平资产管理有限公司和国投瑞银基金管理有限公司在上海设立中国首只投资于公租房并持有其所有权的投资基金。该私募股权封闭式基金将投资于上海市虹口区业已开发的公共租赁住房，并在监管允许及条件成熟时，该基金计划转换为房地产信托投资基金在国内公开上市[①]。此案可以看做房地产投资基金投资保障房的雏形。

（六）计划试点的其他资金

除了以上资金来源之外，国家还在积极扩宽保障房建设资金来源。如，我国"十二五"规划中已经明确提出，支持房地产信托投资基金等投资保障性安居工程建设和运营[②]。房地产信托投资基金（real estate investment trusts，RE-ITs），是一种筹集众多投资者的资金用于取得各种收益性房地产或者向收益性房地产提供融资的公司或者商业信托机构。[③] REITs 是一种标准化的可流通的金融产品，它有别于上述的房地产信托计划。与房地产信托计划相比，REITs 具有以下特点：第一，募集方式上既可以私募也可以公募，而房地产信托计划只能采取私募的方式。第二，REITs 的投资门槛较低，接受的投资者类型也更广泛，REITs 的份额可以上市流通，受到的监管也更严格。第三，资金用途上，REITs 既可以用于房地产开发，也可用于建成后的运营管理，因而期限也较长，而房地产信托计划通常仅用于房地产开发建设，期限较短。第四，投资方式上，REITs 通常为股权投资，而房地产信托计划主要为信托贷款。第五，REITs 通常会享受政府的税收优惠。目前，房地产信托投资基金在我国运行的条件还不成熟，监管上还存在着一些的法律障碍，税收上面的优惠也没有得到落实。不过，REITs 的相关制度建设已经提上日程。

4.3　我国保障房融资的特点与存在的问题

4.3.1　我国保障房融资的特点

保障房融资作为房地产融资的一种，既具有普通房地产融资的一般特

---

① 新华网. 中国公租房基金破冰，计划转换为房地产信托投资基金 ［EB/OL］. http：// news. xinhuanet. com/fortune/2013 – 08/15/c_116960029. htm，2013 – 08 – 15

② 国务院. 国家基本公共服务体系"十二五"规划. 2012

③ 邹金虎. 基于 REITs 的公共租赁住房建设融资模式设计研究 ［D］. 成都：西南财经大学，2011

点，同时保障房作为公共物品，也有其特有的属性。本研究从融资规模、使用期限、融资结构、融资主体和收益与风险五个方面来分析我国保障房融资的特点。

（一）融资规模大

根据统计局的数据，2011年，全国保障性安居工程新开工建设住房完成投资9310亿元，占全部住宅［住宅的统计口径为固定资产投资（不含农户）住宅］投资的比重为18.0%[①]。另根据审计署的数据，2012年，全国共筹集城镇保障性安居工程财政性资金4128.74亿元，通过银行贷款、住房公积金贷款、企业债券等社会渠道筹集资金4667.67亿元[②]，分别占同年全国公共财政收入（11.73万亿元）的3.5%和社会融资规模（15.76万亿元）的3.0%。

（二）使用期限长

普通商品房开发贷款的期限一般不超过3年，普通商品房开发周期也一般在3年之内。经济适用房、限价商品房等只售不租类保障房融资的期限与普通商品房较为类似，相对较短，在预售或者开发完成销售后即可收回资金偿还融资。但对于廉租住房、公共租赁住房等只租不售类保障房，开发建设完成后通常不能马上回收建设资金，因而需要财政资金或社会资金的长期权益性投入。

廉租住房、公共租赁住房等保障房项目融资使用期限长的特点，导致了其流动性差。财政资金或社会资金的权益性投资难以在短时间内转让出售变现。从发达国家的经验来看，一般通过REITs、ABS等证券化的工具，在资本市场中使房地产开发的权益性投入资金获得流动性。目前，我国的资本市场处于初步阶段，暂不能提供类似有效的资本工具。因此，廉租住房、公共租赁住房等保障房项目的权益性资金一旦投入，很难在短期内收回资金，只能靠长期的租金收入实现资金回收。

（三）融资主体

目前，我国保障房建设中的融资主体主要为房地产开发企业和保障房投

---

① 赵培亚，陈淑清. 保障房有效增加了住房供给［EB/OL］. http：//www.stats.gov.cn/tjfx/grgd/t20120717_402818882.htm

② 审计署. 2012年城镇保障性安居工程跟踪审计结果. 审计署审计结果公告2013年第29号

融资平台。对于经济适用房和限价商品房等市场化运作程度较高的保障房，融资主体通常为负责建设的房地产开发企业。而对于廉租住房和公共租赁住房，目前的融资主体通常为保障房投融资平台。

保障房融资平台是我国在保障房建设上的一项创新。目前，为了规避政策上对地方政府债务融资的限制，避免政府直接负责建设的低效率，保障房融资平台实行国有独资和企业化运作，在保证政府的强力支持的同时，实现规范经营和灵活融资。对于偿债能力不足的保障房融资平台，由各级政府进行还款。保障房融资平台在我国的保障房建设中发挥了巨大的作用，但是近年来，过度举债经营、偿债风险等问题日益凸显。因此，有必要进一步创新保障房融资体系，通过多种渠道引入民间资本。

（四）融资渠道

从融资结构上看，普通商品房开发的资金主要来自开发商自筹资金、银行贷款、预售资金、信托融资等多元化的市场融资渠道。与普通的商品房开发以市场融资为主不同，我国保障房的建设资金主要来自财政资金与银行贷款。根据审计署的数据，2012 年全国通过各种渠道筹集的 8796.41 亿元的保障房建设资金中，有 46.9% 来自财政资金，20.4% 来自银行贷款。由此可见，我国的保障房建设在很大程度上依赖财政资金，社会资金的投入以债务性融资为主，特别是银行贷款。在我国的保障房规模不断扩大的情况下，进一步引进社会资本，多元化融资结构，是一个亟待解决的问题。

（五）收益与风险

与普通商品房开发融资相比，保障房具有低收益、低风险的特点。目前，我国普通商品房建设的利润率一般为 15% ～ 20%，投资收益较高，但是在政府宏观调控以及市场的频繁变动下，风险也相对较大。与之相比。由于保障房的保障属性，政府通常会控制保障房的售价和租金，通常利润率不高于 3%。另一方面，由于保障房公共物品的特性，政府通常会在融资主体出现偿债能力不足的情况时负责偿还，因此风险相对较低。针对保障房建设投资收益率较低的特点，政府会在一定程度上提供贷款贴息、税收减免等政策优惠，在一定程度上提高了保障房投资的收益能力。

4.3.2 我国保障房融资中存在的主要问题

当前，我国保障房融资中最突出的问题是融资难问题。筹集到的资金往往不能满足快速增长的保障房建设。部分城市甚至出现了因为保障房资金缺口过大而停工的现象。存在的问题主要具体表现在如下几个方面。

（一）保障房融资与偿还压力大

目前，保障房建设任务经过逐层分解，责任最终落到市县一级地方政府。除了来自中央和上级政府的拨款，以及可用的本级财政收入以外，各级地方政府负责不足部分的筹集。民间资本权益参与保障房建设的比例很小，权益性投入基本完全由政府的财政投入承担。虽然国家出台了多种财政政策，投入大量财政资金支持保障房建设，但按政府的财政投入计算，2012 年权益性投资占保障房建设筹资总额的比例仅为 46.9%，其余的一多半需要地方政府以各种渠道通过债务融资解决。对于北京、上海、深圳等经济较发达、地方财力较雄厚的城市，保障房建设资金基本可以得到落实，但是对于经济欠发达、地方财力有限的城市，地方政府的融资压力很大。同时，银行贷款、企业债券等债务融资期限较短，借款到期后租赁型保障房的投资通常没有完全得到回收，这对地方政府形成了更大的偿还压力。

（二）过度依赖政府投入，投入方式单一

目前，我国的保障房建设在很大程度上依赖公共财政预算、土地出让金收入、住房公积金净收益等政府的财政性投入。尽管政府采取积极的财政政策支持保障性住房建设项目的投资，但是连年增加财政投入并非长久之计。在保障性住房的投资迅速扩张的情况下，将大量财政资金直接投入保障房建设，一方面，占用了大量宝贵的财政资源，另一方面，在财政收入增长有限的情况下，政府需要通过发行债券的方式保证财政投入，随着政府债券发行规模的不断增加，会导致地方债务的不断累积，甚至带来财政赤字增加的压力。过度依赖政府财政投入进行保障房建设，不是一条可持续的发展之路。

另外，从财政投入的方式上来看，目前财政资金通常作为权益资本金，直接投入到保障房建设和运营中，用于增加项目资信、扩大融资能力和税收减免和返还的比重较少，缺乏灵活性，没有充分发挥财政资金的"杠杆"效应去撬动社会资本。租赁型保障房的公共物品性质，政府主导建设保障房是必要的，但保障房作为一项长期且规模巨大的工程，仅仅依赖地方政府的财政投入而不利用全社会资源和市场化机制，不足以满足保障房建设的资金需求。

（三）过度依赖银行贷款，成本高风险大

目前我国保障房建设外源融资中，严重依赖银行贷款。2012 年新增的 1796 亿元银行保障性住房开发贷款，占 4667.67 亿元的社会渠道筹集的保障房建设资金的比例高达 38.5%。

依赖银行贷款进行保障房建设存在以下几方面的问题。首先，银行贷款成本高。虽然银行贷款具有快捷、方便、灵活等优点，但是对于收益率较低的保障房建设来说，银行贷款利率成本较高。目前，保障房建设的利润率通常在 3% 以下，而现行（2012 年 7 月 6 日调整后）的 1~3 年期金融机构人民币贷款基准利率为 6.15%，即使下浮 10%，也依然高达 5.54%。其次，给银行和金融市场带来巨大风险。巨额银行信贷资金投入保障房建设，埋下了很大的系统性风险隐患，不利于金融市场的健康发展；发放保障房开发贷款的银行也面临着较高的流动性风险和资产负债期限错配风险。最后，借款人在贷款到期后面临巨大的偿还压力。目前，租赁型保障房开发贷款的借款人通常为国有独资的保障房投融资平台，在保障房建设规模不断增加、资金需求不断扩大的情况下，财政收入很难同时满足新增保障房建设资金需求与已建成保障房贷款的偿还，在某些情况下不得不借新还旧，潜在风险较大。

（四）民间资本参与不足

目前我国保障房建设资金来源主要来自政府财政投入、国有商业银行贷款、住房公积金贷款和一些大型国有企业的自有资金投入，虽然国家在引导全国社会保障基金、企业年金、保险资金等社会资本投资保障房建设，但是依然带有很强行政干预的意味，民间资本自主参与严重不足。

随着我国经济的不断发展和居民收入的不断增加，民间资本规模迅速增长。然而，当前我国的投资渠道与工具并不丰富，民间资本除了在资本市场、贵金属等市场进行投资外，还在房地产市场、农产品市场等现货市场掀起了一波又一波的投资热潮，引起市场的大幅波动。与民间资本缺少有效的投资渠道相对应的是保障房建设的巨额资金缺口。民间资本参与保障房建设，一方面可以减轻政府的财政压力，使保障房建设资金来源多样化，扩大保障房的建设规模提高保障房供给水平；另一方面可以为拓宽民间资本的投资渠道，让民间资本参与分享保障房项目的收益。

（五）资金使用效率较低

保障房融资，既包括资金的筹集，也包括资金的运作。在资金的运作过程中，存在着保障房融资资金被挪用和资金运作效率低等问题。

部分项目单位直接挪用财政安排的保障房建设专项资金。打着保障房融资的旗号，享受贷款利率下调、政府贴息、税收减免等优惠政策，却将资金投入普通商品房的开发。这两种挪用保障房建设资金的行为，直接浪费了宝贵的保障房建设资金。

另外，长期以来，保障房建设的整个过程几乎都受到政府的直接支配，政府既是保障房政策的制定者，也是保障房建设的投资者，又是保障房运营的管理者。这种高度集中的政府所有、政府垄断经营的管理体制，导致了资金使用效率低下、资源浪费严重、服务质量低劣等问题。

第 5 章

我国保障房融资难的原因分析

根据上述分析，可以看出我国现行保障性住房建设融资渠道不畅。从实践发展来看，我国的保障性住房总体上呈现出资金需求与供给的不平衡，全国各地均存在着不同程度的资金缺口。针对前面保障性住房融资过程中所存在的诸多问题，本书经过认真分析研究，在借鉴已有研究成果的基础上，认为造成上述问题的主要原因归纳为以下几个方面：

5.1 供给和需求方面的原因

5.1.1 融资渠道单一依赖财政

（一）融资渠道过于狭窄

目前，我国保障性住房建设资金的市场化筹资渠道较为缺乏，筹资渠道单一，过度依赖政府。从实际操作情况看，我国现行建设保障性住房的资金来源主要有：财政支持、土地出让金以及公积金收益。既包括地方政府支出、中央政府财政、廉租房所得的净收入；还包括住房公积金（针对员工的带强制性的免税住宅储蓄）净收益、土地使用税的10%以及其他资金，如银行贷款、发行债券等市场化方式。2010年，保障性住房建设总投资额为4700亿元，政府对保障性住房的总支出为2720.07亿元（其中中央公共财政对保障性住房的财政支出为 1125.73 亿元，地方公共政府支出为 1194.34 亿元，政府投资约占保障性住房总投资额的 49.36%。

保障性住房项目属于准公共产品范畴，不可能以营利为目的，由于其自身的收益成本特点决定了社会资金的注入不足，所以政府财政预算和支付成为保障房建造的支撑。从保障房融资途径分析看出，一方面是政府财政来源，而财政拨款包括中央政府财政资金与地方政府财政资金。2011 年政府为保障房建设提供的 5000 亿元资金支持中，有 33% 都是来自于土地转让金，其他形式如地方发行的债券、公积金贷款、公积金增值净收益以及地方财政占比都较少。加之许多地方政府债券不允许用于建设保障性住房，历年的财政预算也不能够大力支持保障性住房等，这些因素导致即使政府有资金但通过政府融资这一渠道并不顺畅。另一方面，依靠社会筹集资金，现阶段主要是集中于银行贷款，而银行贷款很容易受到宏观经济以及政策的影响，很难形成对保障性住房长效支持机制，从而导致社会投资对保障房投资的局限性大且不稳定。

地方政府可以通过地方债和国家开发银行贷款筹措资金，但是由于保障性住房所具有的特殊性质，使保障性住房建设资金的筹措存在较大的困难。自我国 20 世纪 90 年代实行中央、地方分税制以来，地方政府的税收大幅的缩减。在许多地方事务如地区保障房建设中，地方政府只是赋予了事权，而没有相应的财权。现阶段保障性住房建设的支持主要依靠地方政府，在当前多级财政体制下，财权的上移使得下级政府对上级政府的依附程度性增强，下级政府也赋予了与其可用财力高度不相称的事权，从而弱化了地方政府履行保障性住房建设的能力。加之现行财政转移支付制度又存在着层级过多、层层截留等缺陷，使得地方政府建设保障房力不从心。此外，保障房项目经济效益不明显，短期内无法"兑现"为经济增长，地方政府在保障房建设方面的内部驱动力也就相应不足，其积极性普遍不高。遵循中央的对保障房用地供应的要求，地方政府部门要做出"应保尽保"，这一要求意味着地方政府不得不以极低的地价甚至无偿的形式为保障房提供土地。因此，当前地方政府大力建设保障房过程中就面临两难选择，一是地方政府政治上必须完成保障房建设的硬性任务；二是保障房建设所需要投入大量资金，势必会减少商品房建设用地，这样则会使得土地转让这部分收入降低，使本已负债累累的地方财政更加面临资金短缺。加之住房保障的资金来源中的土地出让金、公积金收益往往存在较大变数，地方政府可投入资金的数量稳定性差，资金的持续性受到较大挑战，因此制约了保障房建设的可持续发展。

总的来说，造成地方财政压力巨大最主要的原因是我国保障性住房融资渠道相对单一。在保障性住房建设资金来源中财政拨款、土地出让金本质上都是国家财政收入。保障房的本质特征决定了政府是其供给主体，但是过分依赖政府，则不仅给政府增加了的财政支出的压力，也会导致难以筹措足够资金完成保障房建设。并且，在经济欠发达地区，财政收入低，保障房资金就会更为缺乏。银行贷款是保障性住房资金来源的另一个主要渠道，这部分贷款多为政策性贷款，利率低，国家给予政策或补贴的支持，这无疑变相又加大了政府财政支出，给政府财政带来压力。

（二）地方财政投入积极性不足

由于保障房建设资金对政府财政的过度依赖，所以各级政府的建设积极性在保障房建设中起着重要作用。中央政府对保障房建设工作一直相当重视。2012 年，我国从财政方面一共筹集保障房建造资金达到 4000 多亿元，这其中，中央政府财政拨款就有 1800 多亿元，占了将近一半。城镇住宅保障财政性资金该年度支出约 3543 亿元。但是筹措资金的压力主要还是压在各地方政府的肩上。然而，现实情况是，由于保障房的性质，决定保障房建设对地方政府的政绩和财政收入回报较小；另外，由于保障房的建造周期过长、投资量大、回报偏低，无疑都会令地方政府缺乏建设的积极性。2014 年 3 月，财政部提交的《关于 2013 年中央与地方预算执行状况和 2014 年中央与地方预算草案的报告》显示，2013 年国有土地使用权转让收益 41249 亿元，国有土地使用权转让收益安排的支出 40600 亿元。而对 2013 年住房保障支出金额为 2229.91 亿元，仅占当年土地出让总收入的 5.4%。从历年的数据可以看出，在支持保障房建造时候，地方土地收入支持保障房建造的计提比重不够情况已屡见不鲜。从财政部了解到，2012 年，国内土地转让收益用于棚户区改造、公租房、廉租房等保障性住宅工程的费用接近 600 亿元，占该年度使用土地转让收益的 1/10，这一支出比例仍然较低。

2012 年，审计署发布的审计报告表明，审计发现有 360 个单位或者项目违法违规使用保障性住宅专项资金超过 57 亿元，将资金挪用于非保障性住宅项目，这些支出包括部门资金周转、用地拆迁、外部投资以及还贷款等。审计还发现，12 个项目把 600 多亩保障房建设用地用于商业或者其他用处，还有 45 个项目违法违规用地 1433.16 亩，他们没有办好建设用地计划许可等手续。

仔细分析不难发现，地方政府在廉租房建设上积极性不高。首先，廉租房建设影响了并削弱了地方政府通过房地产开发获利这一重要渠道。土地财政是地方政府关键的财政来源，通常认为是地方政府部门"第二财政"。原因在于土地财政收入为地方政府的预算外收入。而廉租房的开发建设与普通房地产开发一样，需要大量的资金和土地的投入，不仅无法实现土地出让，而且由于其自身的福利性特点，几乎不能产生经济效益，还需要拿出资金对低收入家庭进行房租补贴。这种投入与产出的巨大对比与反差，与地方考虑和追逐自身经济利益存在着极其明显的矛盾冲突。

其次，相对于廉租房，地方政府普遍更加倾向于商业房地产开发。因为商业房地产开发对地方 GDP 的拉动作用非常明显。而有研究显示，廉租房供应量越大，越能产生对房地产价格的抑制作用，即廉租房的供应量与房价之间反向关系，那么房价的下跌无疑会直接影响到地方政府的卖地收入以及与房地产相关的财政税收等收入。在目前大部分地方政府仍以 GDP 作为核心指标考核政绩及地方经济的时代下，廉租房建设这样的民生工程反而不利于地方经济考核。正基于此，这样的导向使得地方政府在建设保障房工程方面并不积极。

最后，按规定，政府可以从土地出让净收益中计提 10% 投放到保障房建设中，但实际情况中，土地出让金可以对地方政府的财政赤字进行补充。2010 年的地方政府财政赤字 33148.91 亿元，土地转让金收入将近 3 万亿元，单着一项就占到地方政府财政赤字的九成，如表 5 - 1 所示，自 2004 年以来，土地出让金占地方财政赤字比例几乎都在 50% 以上，地方政府对"土地财政"依赖度极高。而建设保障性住房的用地一般采取无偿划拨或收取极少出让金的方式出让，难以实现政府收益，在这样的机制下，地方政府对保障性住房的支持势必会缺乏积极性，这些就是各级地方政府在建设保障房问题上不愿作为的根本原因所在。

表 5 - 1　　　　　　　　　地方政府的"土地财政"依赖比　　　　　　单位：亿元

年份	全国土地出让金	地方财政赤字	土地出让金占地方财政赤字比例（％）
2004	5894	8699.44	68
2005	5505	10053.55	55
2006	7677	12127.75	63
2007	12000	14766.67	81
2008	9600	20598.7	47
2009	15910	28441.55	56
2010	29109	33148.91	88

资料来源：CREIS。

（三）社会资本参与不足

社会资本投资主要是指保险金、房地产信托基金（REITs）、PPP 模式融资等筹措社会性资金的工具，而保障性住房本质上是一种准公共产品，就奠定了保障房的建设将以政府性融资为主，而政府投资相较于私人投资来说，融资效率更低。从目前融资状况看，我国保障性住房建设亟须庞大数额的资金支持，资金运作效率有待提高，单纯靠政府的力量已不能完成保障房工程，必须采取有效措施逐步吸引民间资金参与保障性住房建设，确保保障性能够获得长期、成本低的资金来源。

由于保障房建设自身经济特性，其存在建设量大、资金投资的回收周期长、还本来源不足等问题，难以长期依靠政府部门的资金投入以及政策性银行贷款支持来建设保障性住房。相比较而言，私人资本能够供给长期的资金来源，但是政府针对私人资本投资的制度设计并不十分合理，导致私人资金参与无利可图、积极性不高，现阶段亟须改善投资环境尽快吸引私人资本加入保障性住房建设。

民间资本缺乏投资保障性住房建设的热情，其制度性的原因主要有两个方面：第一，保障性住房的准公共产品性质，其产生的利润远远无法与同期的商品房的利润。在制度上，地方政府部门在开发保障房项目的通常做法是设立地方性融资平台公司，并通过规定其贷款利率不得高于同期中国人民银行规定的基准利率。这样的机制会造成，投资建设的廉租房在建成后只能收取低廉的租金，投资者难以收回投资成本，收入可能仅能弥补投资利息，对建成的经适房，政府一般会基于投资收支平衡的原则限定投资者、开发商的利润，在市场化的房地产市场中，这完全有悖于民间资本对资本投资收益最大化的要求，这就导致了民间资本没有参与保障房建设的动力和热情。第二，从保障性住房的成本回收和投资回报方面来看，两者都具有巨大的风险，其受政策方面的限定过多，在房地产运作市场中，开发商一般能通过市场情况预估出项目额度投资回报率，并在此基础上做出投资决策，但保障房的特殊性使得在建成后都难以准确预算未来收益，廉租房、公租房的准公共性决定了其建成后的租赁价格会低于市场租金标准，经济适用房的运作亦然，种种的限制导致的不确定性，也是阻碍民间资本参与保障房建设的原因，正因为存在外部性，导致社会资金闲置，市场化介入程度低，私人融资严重不足，保障房融资困难。

在这一融资过程中，政府发挥的作用应该是扶持和引导，一方面是让私人资本"愿意进"。制定相应的优惠措施并落到实处，从制度上根本解决民间资本加入保障房建造的绊脚石，发挥政府引导资金的作用，让利给民间资本，让民间资本有一定的利润空间。另一方面，要使民间资本"能够进"，促使其顺利进入保障性住房投融资中，还有赖于政府设计专门针对保障房的创新性激励机制、利益分配以及风险分担机制，这样才能提高民间资本参与保障性住房建设的积极性。

5.1.2　金融产品创新和机制不足

（一）缺乏创新金融工具

目前，我国的保障性住房融资大都依赖政府，融资渠道都是传统的政府财政支持，银行、金融机构方面的支持力度甚微，我国保障性住房融资建设金融产品创新不足，还在依靠僵化的政府单一融资模式，缺乏政府作为主导的市场化运作方式。在保障性住房的建设融资中运用创新的融资工具，为保障性住房建设输入新鲜血液，可以在政府主导的情况下通过金融机构发行保障性住房 REITs，可以在政府允许保险行业一定的资金进入房地产行业的政策背景下吸引保险资金进入保障性住房建设，可以采用以项目为导向的项目融资方式建设保障性住房工程，为保障性住房有效引进私人资本。最后，针对我国保障房融资缺乏创新性的融资工资，可以从创新入手，并充分利用这些可以在我国推行的金融工具和融资模式，从而调动引入私人资本投资保障性住房，这样就加入了市场化的运营形式，让保障房融资更加灵活。

（二）无相应的担保机制

在国外，由于保障性住房建设投资收益低、风险大，为了吸引社会资本投资保障房建设，政府都有一系列的保障机制，包括立法等方面的顶层设计，财政补贴、税收优惠及担保政策等。在我国，由于保障房建设刚刚起步，很多吸引社会资本进入的配套机制尚未建立。保障性住房盈利低，公租房、廉租房投资回收期长，受政策影响大等特点使保障性住房投资具有较大的风险，从风险控制的角度来看必须要有完善的担保机制为资金融通保驾护航，由于缺乏专业化的担保公司，机构投资者和社会公众担心资金能否能够安全顺利收回，对债券基金是否会出现坏账存有较大忧虑，害怕基金债券不能预期偿付，不敢贸然大量买入。如果不能很好地将风险减低或转移，就很难吸引更多的社会资金加入到保障性住房建设中。我国现有的住房置业担保公司，规模普遍较小、分散，实力较弱难以承担保障房建设融资担保这样巨大的投融资担保工作，且这类担保公司属于企业性质，仍然以盈利最大化为目标，把保障房作为担保标的收益明显较低。此外，现有住宅置业担保类公司的业务仍然有局限性，其业务一般只在注册地方展开，缺乏有效顶层设计和合理的风险分散机制，所以住房置业担保在支持保障房担保方面没有太大优势。

在有关对保障房建设资金担保的政策方面，2011 年，中国人民银行、中国银监会发布了《有关认真做好公租房等保障住宅工程金融服务类工作的通知》(银发〔2011〕193号)。内容指出"地方融资平台公司公共租赁住房贷款偿付能力不足的,由本级政府统筹安排还款"。并且在2010年,国务院下发的《有关加强地方政府融资平台公司管理相关问题的通知》(国发〔2010〕19号)中规定,地方各级政府不得以行政事业等部门的国有资产、财政性收入或其他无论间接或直接的形式为融资平台公司的融资活动作出担保。事实上,地方政府收入主要还是依靠财政性收入,而且很多地方政府债务负担严重,根本无力为保障性住房信贷提供实质性担保。因此,政府机构需要在融资实践中不断完善发展相关制度、建立健全保障性住房融资体制,以降低融资成本,提高资金运作效率,创新担保机制,调动民间资本的力量,才能真正为保障房建设提供支持和帮助。

5.2　资金供给与需求严重失衡

5.2.1　资金供给严重不足

目前,依据2007年《国务院有关解决城市低收入群体住房困难问题的若干意见》(国发〔2007〕24号)(以下简称意见)规定,《意见》中提出地方财政要将廉租住房保障资金纳入年度预算安排;包括住房公积金净收入要都使用于廉租房;对于土地出让净收益,拨付廉租房的保障性资金比重应超过10%。现实情况中,土地出让净收益难以得到有效的保证,存在不稳定性,因为其与整个房地产市场的景气状况密切相关,受政策影响程度较大。而且,由于各地方政府对保障性住房建设重视程度不够,这部分资金经常被挪作他用,难以到位。对于住房公积金增值收益,由于在政策合法性、公平性和资金安全性问题上仍存在很大争论,这部分资金来源不仅有限,而且难以到位。

根据财政部数据,近年来财政支持保障性安居工程建设情况数据来看,2011年,中央财政支出规划保障住宅资金1713亿元,是前一年的两倍多。2012 年，中央财政支出规划保障住宅资金超过 2000 亿元，比 2011 年增长接近 60%。而 2013 年的财政支出安排住房保障支出为 2320.94 亿元，2014 年中央预算支出住房保障支出 2528.69 亿元。此外，土地出让金收入提取 10% 用于支持保障房建造，但住房公积金增值收益则按 100% 计提。

根据历年财政部公布的财政收支情况，2007~2013 年，全国财政收入保持年均以 25% 的速度增长，其中：中央本级收入的年均增幅为 20.80%、地方本级收入的为 29.38%，但是中央财政占全国比重逐年下降，而地方财政占比呈相反的态势，与中央和地方在保障性住房建设的财政投入力度基本吻合（见表 5-2）。故以财政收入增速 25% 估计财政对保障房的支出，未来五年的财政投入为 2014 年 2563.35 亿元，2015 年 2947.85 亿元。

表 5-2　　　　　　　我国 2007~2013 年财政收入情况

年份	财政收入（亿元）			比重（%）	
	全国	中央	地方	中央	地方
2007	51321.78	27749.16	23572.62	54.1	45.9
2008	61330.35	32680.56	28649.79	53.3	46.7
2009	68518.30	35915.71	32602.59	52.4	47.6
2010	83101.51	42488.47	40613.04	51.1	48.9
2011	103874.43	51327.32	52547.11	49.4	50.6
2012	117209.80	56133.00	61077.00	47.8	52.1
2013	129143.00	69174.00	68969.00	46.6	53.4

资料来源：财政部。

有的将土地出让金的 10% 作为保障房建造的资金，据中国国土资源公告数据显示，2009~2011 年全国土地出金由 15900 亿元增长至 31500 亿元。由于一直以来我国土地出让净收益都没有明确公布过，但业内专家的估算一般都采用了出让金的 40%，所以笔者在此处亦选择了 40%。按《廉租住房保障办法》，提取 10% 的土地出让金净收益用于保障性住房建设，并在未来 5 年内以 2009~2011 年的年均增速增长，即每年增长 21%。不得忽视的是，政府在大力支持保障房工程建设后，则会减少商品房的用地供应，从而间接导致地方土地出让收入大幅下降。基于上述考虑，未来政府利用土地出让净收益支持保障房建设存在极大的约束性。

目前因在保障房建设投资方面，主要以财政基金和土地出让金为主，其他投资渠道筹资不具有普遍性，仅作为补充渠道，故当前融资模式下未来资金的供给分析如表 5 - 3 所示，五年间资金供给总额为 2.1 万亿元。

表 5 - 3　　　　　　　当前融资模式下的资金供给分析　　　　　单位：亿元

资金来源	2011 年	2012 年	2013 年	2014 年	2015 年
财政资金	1432.57	2229.91	2229.91	2563.35	2947.85
土地出让金	1260	1524.42	1844.7	2232.17	2700.92
总计	2692.57	3754.33	4074.61	4795.52	5648.77

5.2.2　建设资金需求量大

随着城镇化水平的不断提高，城市外来务工人员的不断增加，这些群体对保障性住房的需求将越来越旺盛。而保障性住房建设是一项耗资巨大的民生工程，在此过程中需要大量的资金流入。通过的"十二五规划"提出，"十二五"期间建设保障房和各类棚户区改造住房 3600 万套，规模大约是过去 10 年保障性住房建设的两倍，届时我国保障房覆盖率将达到 20%。到 2012 年 12 月，国内累计开工建造 3400 多万套城镇保障性住宅，完工大体上 2100 多万套。2011 年和 2012 年是保障性住房建设投资的高峰期（见表 5 -4），其中 2011 年国内城镇保障房和棚户区改造住房开工 1000 万套。2012 年新开工建设城镇保障性安居工程住房 700 万套，基本建成城镇保障性安居工程住房 550 万套，资金需求规模空前。据中国住房与城乡建设部统计资料显示，2014 年，国内预计城镇保障性住宅新建造的有 700 万套，预计完工达到 480 万套。传统的仅仅依靠政府财政预算的资金运作已经很难满足大规模保障住房建设所需的资金。

表 5-4　　　　　　　国家保障性住房建设计划及完成情况　　　　　单位：万套

年份	棚改房	公租房	廉租房	两限房	经适房	计划合计	实际开工	基本建成
2008			63			63	100	
2009	80	0	177	0	130	387	330	—
2010	280	0	180	0	120	580	590	370
2011	400	220	160	150	70	1000	1043	432
2012	300					700	770	550
2013	304					630	666	544
2014	470					700		480（计划）

资料来源：根据公开资料整理，其中 2013 年数据为当年 11 月底数据。

5.2.3　保障房资金需求预测

我国的基本国情就决定了近年来对保障性住房的需求量将都维持在一个较高的水平，而保障性住房的需求量也就决定了保障性住房资金的需求。"十二五规划"在住房保障方面明确写明，到 2016 年年末，国内保障房将达到 3600 万套，这样将大大提高国内住房的保障面积。

在"十二五规划"中提出安居房建造目标中，进一步明确了要以公共租赁房屋与廉租房屋为主，还要加上棚户区改造。同时国务院也发布了《国家基本公共服务体系"十二五"规划全文》，在住房保障方面明确提出了廉租房、公租房等保障性住房的建设目标：到 2015 年增加廉租住房不低于 400 万套，公租房要求增加不低于 1000 万套，并根据中央和各省市关于"十二五"大力发展公租房的建议，廉租房和公租房可能达到 1800 万套，经适房和限价房约为 700 万套，棚户区改造住房约为 1100 万套。

根据建设目标进行测算，"十二五"期间，廉租房和公租房需要土地面积 6 万公顷①（按照容积率 1.5 以及套均 50 平方米来算），资金 1.8 万亿元；经适房和限价房需要土地 3.27 万公顷（按照容积率 1.5 以及套均 70 平方米

---

① 2011 保障房白皮书

来算），资金 1.75 万亿元；棚户区改造需要土地 5.13 万公顷（按照容积率 1.5 以及套均 70 平方米来算），资金 1.38 万亿元。据此，3600 万套的保障性安居工程共约需土地约 14.4 万公顷、资金约 4.93 万亿元。若进一步考虑廉租房和公租房的租赁补贴资金，那么在"十二五"期内，政府保障性住房建设资金的需求要远高于 4.93 万亿元。由此看来资金需求量巨大，筹资压力较大。巴曙松（2011）测算的十二五期间保障房建设需求建设资金，2011 年和 2012 年分别开工 1000 万套，2013~2015 年建成 1600 万套，则货币缺口分别为 2011 年 1.37 万亿元、2012 年 1.08 万亿元、2013 年 0.8 万亿元、2014 年 0.79 万亿元、2015 年 0.79 万亿元，五年累计 4.8 万亿元，甚至超过金融危机时的四万亿投资计划。

总之，随着国家不断加大保障性住房的建设力度，建设规模的急速扩张，带来的是融资难的困境，这也是未来影响保障房建设工作顺利开展的瓶颈。从融资需求和供应角度来看，国内的保障房建造还有巨大的资金缺口。从以上分析可以看出，政府性投入支持保障房建设难以形成长效机制，单纯依靠财政、土地转让收益和公积金增值收益进行保障性住房建设融资，很难真正实现住房保障目标，约 70% 的建设资金需要靠其他的方式解决。

5.3 融资手续复杂且投资收益低

5.3.1 融资手续复杂

现行的保障性住房建设融资主要依赖政府，政府性的融资模式效率较市场低，且存在众多复杂的审批流程，复杂的融资手续导致保障房建设融资时效滞后。具体来看，保障性住房的投入资金大，本身的建设周期很长。其中经济适用房、两限房与普通商品房不同，其建成以后主要采取销售现房的方式回收成本。但整个项目运作从开工到完工一般需要 3~5 年时间，而普通商品房则是以期房销售为主，加之如果资金的融资周期也很长，这样延后了整个保障性住宅项目的功能和及时性。以土地转让金收入融资模式来说，各地政府部门必须通过国税和地税以及地方财政等单位进行逐个审核，才有进行，这对于融资的展开是不利的。

关于针对保障房项目建设的制度性设计严重缺乏，融资手续过于复杂，现有的融资模式效率低下，资金回收期限严重影响资金使用效率。若租金回报率仅与存款利率水平相当，远低于银行同期贷款基准利率水平，更加难以吸引社会化资本的介入。

5.3.2　投资回报效益偏低

建立保障性住房的目的在于提高居民的居住水平解决住房困难的家庭，保障性住房一般实行政府定价或限价政策，所以保障性住房的工程建设利润极低，甚至存在亏损的风险。这就决定了保障性住房不是一个利润低，回报方式少的项目。现阶段我国保障房包括经济适用房、限价商品房、廉租房以及公共租赁房等四种主要类型。

从 2014 年开始，全国各地的廉租房与公共租赁住房并在一起，以后两者一起称为公共租赁住房。其中经济适用房和限价商品房是可出售的保障房，廉租房和公租赁房则是用于出租的保障租房。保障房的供应一般是针对低收入的有居住困难群体，不但有经济效益，还有福利效益。由于保障房的建设并不是以盈利为最大目标，为了保证中低收入家庭能够负担得起租金，它的租赁价格往往远低于市场价格，从当前保障性住房的运营情况来看，保障房的租赁价格相当于市场价格的 30% ~60%。此外，政府部门对保障房运营中的租金调整会进行严格的控制，从而使得保障房项目的投资收益率相对较低。

为了保证保障房的利润空间，保障房的收益来源还包括出租相关配套设施回收的资金、保障房本身的增值收益、保障房出售收益等方面。保障房项目一般都安排一些包括停车场、商场等商业配套设施，这些商业配套项目不受相关政策的限制，可以将其调整到市场水平对外出租，因而产生了保障房项目的隐形利润空间，这部分收入可以弥补部分建设成本。此外，保障房本身也会随经济的发展而不断升值，目前部分城市规定一些保障房项目如公租房可以在一定条件下进行房屋出售，如果采用先租赁后销售方式进行运营，出售保障房也会弥补相关建设成本，但出售收益只能作为非常规性收益。尽管保障房有多方面的资金回收来源，政府也给予信贷支持、土地供应等方面的优惠政策，但是整体来说，保障房的整体投资回报率也只能做到 3% ~ 8% 之间，远低于商品房市场平均 10% 以上的利润率。比如，2011 年，国家社保基金投了 30 亿元信贷给一家地方保障房单位，年化收益率才 5.45%，仅高于 5 年期的存款基准利率 5%。

根据有关规定，我国经济适用住房建设回报只有在购房人满足有关条件后按照政府所规定的标准缴纳相关价款取得完全产权时才可有资金回收。经济适用房是主要用于出售的保障房，它们一般用现房的形式来出售或分配，从开工建设到完工往往要 3 ~ 5 年跨期，比普通商品房（一般是期房出售）投入资金大，影响资金使用效率。而公共租赁房以及廉租房等只租不售类住宅，二者的回报主要是租金收入。它们的投资回收周期超过 10 年，租金回报率仅与存款利率水平相当，远低于银行同期贷款基准利率水平，难以吸引商业银行介入。总体来说，我国保障性住房的资金回收方式过于单一化，这就使保障性住房投资回报率低，并且不稳定，无法吸引大量社会资金的积极加入。投资回报方式的创新和多元化，可以吸引更多投资者的加入，丰富保障性住房资金来源；同时也可以再次投入保障性住房建设中，形成一个良性循环，使保障性住房建设更好更快的发展。

保障性住房投资回收周期长，资金流动性较低，在我国目前通货膨胀率较高的情况下，投资者面临较高的利率风险和市场风险，这与社会资金追求高收益、低风险投资渠道的偏好背道而驰。因此，社会资金对收益较低而风险较高的保障房建设普遍缺乏投资动力。作为以追求利润最大化为直接目标的社会资金来说，如果没有良好的建设运营模式及相关制度设计，能使私营企业和社会投资者"有利可图"，那么社会资金参与保障房建设的动力必然不足，因此在我国保障性住房的建设就离不开政府的干预和政策的支持，民间资本较少涉及该领域，而没有社会资金的积极参与，保障房建设的速度和规模是定然难以实现的。

5.4　配套法规制度还有待完善

借鉴发达国家保障性住房的建设的经验，健全的法律法规是重要的制度保障。保障性住房建设在我国发展时间短，还处于探索阶段，特别是我国的金融市场不够健全发达的情况下，保障房建设的融资渠道仍较为狭窄，融资难是困扰保障房建设的一大障碍，特别是相关的法律法规制度都在探索过程中，不管在中央还是地方出台的管理办法和暂行规定都有很多亟待完善的地方。

5.4.1　保障房立法层次较低

现阶段来说，在我国，针对保障性住房建设的管理制度不完善。我国住房保障的法律法规只有国家相关部委颁布的部门规章或规范性文件，现有的住房保障制度制订、实施随意性强，缺乏统一的法律指导和约束，具体执行过程中权威性、操作性还不够，我国亟须出台《住房保障法》。从发达国家的发展情况看，其对构建住房保障体系非常重视，并积极设立完善有关法律的立法，例如，美国的《国民住宅法》以及《住房法》，英国的《住宅法》、新加坡的《住房发展法》、日本的《公营住宅法》等。这些发达国家有独立的住房保障法律体系，并相应对建设保障房的具体内容，包括保障性住房建设的原因、分类、方式以及后续的分配、营运问题做出明确规定。值得关注的其中一项就是保障房融资方面的规定，分别对保障房建设的融资渠道和融资方式做出了规定。因此，我国必须加强保障房建设的法律体系建设，做好相关配套的立法工作，特别是要完善构建我国保障性住房建设的融资制度，避免陷入融资尴尬。

我国目前还缺乏权威的保障住房法律。我国曾拟设立的《住房保障法》，在 2008 年 11 月进入了十一届全国人大常务委员会五年立法规划，在 2010 年又被列入国务院立法工作计划，整个过程进展缓慢，2012 年 4 月，这部《住房保障法》变为了由住建部起草的《基本住房保障条例》，这样的降格就意味着针对我国保障住房的法律立法层次较低，这种状况与我国现阶段大力建设保障性住房的大环境是不协调的。究其原因主要有，一是拟设立的《住房保障法》牵涉的利益主体比较多，争议较大，众多利益主体难以协调；二是我国现在保障房建设规模和速度都处在历史最高水平，亟须相关法律加以约束，通过制定条例的方式，速度更快，效率较高。

《住房保障法》的缺失不仅意味着我国保障房建设体系缺乏权威的法律指导，其相关的配套法律文件仍不健全，没有专门的针对保障房融资的指导意见，保障性住房融资工作如果缺乏制度约束，则会导致政府财政资金用于保障性住房建设的拨款得不到保障，保障性住房建设资金还可能被用于商品房建设。

5.4.2 配套法律法规不健全

关于我国住房保障相关的配套法律法规仍不健全，难以满足发展需要。一是在法律配套方面，缺乏针对保障房的保障对象、建房标准、运作模式等方面的对规定，对参与建设主体责任约束、资金投入、土地供应、财政税收支持等的规范不健全。二是保障房建设运作机制不完善，例如公共租赁住房这类保障房属于只租不售的房源，对这类房屋的建成运营、房屋产权、维修管理等问题没有专门的法律规定。三是"多头管理"导致保障房监管机制薄弱、政府各部门间未形成有效协调的工作机制。目前保障性住房建设和管理主要涉及发改、建设、国土、财政等部门，保障房建设工作主要由建设部门负责，与政府监管部门间缺少专项协调机制。

目前国内在采用一些金融工具为保障房建设融资时，配套的法律法规不健全，运作风险较大，例如，REITs 是一种复杂的金融产品，采取 REITs 运作模式的国家和地区都制定了专项法律来规范其运作并促进其发展。REITs的运作离不开众多的专业机构，这些专业机构是 REITs 运作中的关键环节。在市场经济比较成熟的国家，市场监管是一道极为重要的关卡，众多信用评级机构、会计师、律师事务所等专业化机构的层层监督，可以更大限度地保护投资者的利益。在我国这些市场化的专业机构发展和美国、日本等发达国家比较起来，还非常欠缺。从法律层面看，REITs 并没有被现行的《证券投资基金法》纳入规范范围，因此，制定专门的法律规范或者完善现行的法律规范，明确规定 REITs 投资方向、投资比例、组织制度、税收是发展这一融资手段的重要基础。再如，2011 年国家发改委下发《关于利使用债券融资方式对保障房建造相关问题的通知》中，这样就为地方扩宽了保障性住房建设融资渠道，可通过地方政府投融资平台发行企业债券进行融资。但是对于如何建立投融资平台以及具体运作，以及监督管理并未做出详细规定，地方经常遇到无法可依的操作细节等问题。加之，保障性住房种类多，细节繁多，没有详细的规范很容易使保障性住房偏离其建设目的。

针对保障房用地供应规定方面，近年来保障房的迅速发展，对土地供应提出了更高的要求，土地供应计划需要与商品房建设用地进行很好的平衡，尽管我国有一系列关于保障房建设的相关支持政策，但是还没有相关文件对用地供应、建设项目审批等问题进行明确界定和规范，法律层面的缺失容易被利益主体所利用。我们认为，加强保障性住房的法律建设是未来保障房不断发展的基础，其立法意义重大，需要尽快建立完善的保障性住房建设相关政策体系，为保障性住房建设提供支持与帮助，以提高我国居民居住水平。

5.4.3　缺乏主管及监管部门

近年来，针对保障房建设，我国虽然制定了土地、贷款、税收和投资环境等方面等优惠措施，但是纵观保障房建设，其涉及的利益主体较多、程序繁杂、管理也非常复杂，需要政府职能部门之间相互协调配合，鉴于目前我国尚没有权威的保障住房办法出台，制度规范不健全，缺乏相应的主管及监管部门，导致政府部门存在互相推诿或管理打架的现象，容易造成资源和资金的浪费，最终制约了保障性住房制度的良性运行。

从目前的管理制度来看，各地并未建立确切的独立机构专门对保障性住房进行管理，而是由住宅以及城乡建设部门、发改委等有关部门协调配合以完成保障房建设。在对外信息公布方面，只有北京、上海等部分城市开始进行保障性住房建设的地区建立专门网站，提供保障性住房相关信息，为民众提供专门渠道申请及查询相关信息。而其他地区仍未建立相关信息的公开专门渠道，只是在有关政府网站做了简单公示。可以看出，保障性住房建设还处于非公开化、非专门化的状态。

相关部门针对保障房监管错位。由于保障房投资收益较低，开发成本巨大，潜在风险难以预测，而对保障房建设的风险补偿机制缺失。从具体的运营方式上看，保障房项目贷款按照房地产开发贷款标准执行，即银行要求房地产项目需要四证齐全才准予发放贷款，而由于保障性住房的特殊性，其往往不能提供完整的四证，保障房建设工程贷款主要通过政府平台公司发放，信贷资金由平台统一调配，无法完全通过市场化的手段完成。与普通商品房相比来看，保障性住房一般存在产权界定问题，产权的不明晰将会导致其难以实现其对资产的处理，专业化的金融中介难以对信贷资金使用情况形成有效监控，加大了信贷资金的风险。

保障性住房建设关系到国计民生，但其管理却相当的复杂，若没有完善的制度约束，必将制约保障性住房的发展。此外，在参考借鉴国外保障房建造的经验基础上，考虑国内的经济发展阶段、人文与社会环境等因素，不断地探索，找到适合我国保障房发展的道路。还要不断完善和发展相关制度，建立健全保障性住房体制，从而在制度上为保障房的建设提供理论支持。

第 6 章

我国保障房融资模式的分析

6.1　适合我国保障房开发的融资方式及比较

6.1.1　适合我国保障房开发的融资方式

保障房建设是我国一项重大的民生工程，随着我国建设保障房工作不断深入开展，保障性住房融资难的问题成为新形势下保障性住房建设的瓶颈，保障性住房建设的融资模式，是指为了保证保障性住房产业经济的顺利运行，而发生的融通资金的活动方式。影响其融资的因素主要包括：宏观经济形势、住房制度、经济发展水平、经济体制、金融体制、法制环境等。保障房的融资表现为资金需求量大、回报收益低、投资回收期长等特征，廉租房和公租房还涉及后续管理支出的问题，结合保障性住房的准公共性质来看，保障房投资必然是低收益甚至负收益，不同的保障房融资压力分析如表 6 - 1 所示，从我国保障房融资现状可知，保障房融资渠道仍然单一，对政府依赖较大，资金问题是保障房建设工作亟须解决的障碍。所以，积极探索适合我国保障性住房建设的多元化融资方式，才能有效缓解融资瓶颈，推动我国保障性住房建设的发展。

表 6 - 1 保障房融资压力分析

保障房类型	资金投入	资金回流	还本付息压力	后续管理支出
廉租房	建安成本	租金 + 政府补助	大	大
经济适用房	建安成本	售房款	小	无
限价房	土地价款 + 建安成本	售房款	小	无
公租房	土地价款 + 建安成本	租金 + 政府补助	大	大
棚改房	土地价款 + 建安成本	少量售房款 + 腾挪土地出让金	取决土地出让进度	无

资料来源：根据公开资料整理。

鉴于保障性住房融资渠道的约束、资金供给的不足，直接导致了我国保障性住房融资的低效，现阶段我国保障性住房建设融资方式设计的总体思路是：探索运用创新型的保障性住房建设融资模式，开展多元化的融资渠道，获取稳定充足的资金来源。基于保障房的准公共产品、准经营性项目属性，必须建立起"政府主导、市场运作、社会参与"的多元化融资机制，本书基于前述对保障性住房融资理论、保障性住房融资现状及问题的分析，提出以下融资模式进行保障性住房多元化融资：信托投资基金 REITs 融资、发行债券融资、住房公积金贷款、PPP 模型进行深入分析。

（一）房地产投资信托基金 REITs

1. 房地产投资信托基金 REITs 可行性分析。

房地产投资信托基金[①]是专门投资于房地产市场的投资基金，特点是专业化管理和投资、交易成本低、分散风险、投资者门槛要求低。从 REITs 自身的特性来看，便于吸引众多中小投资者，发挥集聚效应，从社会上凑集闲散资金，为保障房建设募集充足稳定的资金；REITs 具有较强的流动性，其发行的收益凭证可上市交易，并作为投资房地产的替代工具不用担心流动性风险问题；REITs 作为一种基金产品，可以通过投资组合分散控制风险；专业化的投资管理能够有效降低交易成本。综合 REITs 流动性强、组合投资、分散风险、收益稳定的特征，保障性住房 REITs 的设计原则是：收益率高于

---

① 房地产投资信托基金（Real Estate Investment Trusts，REITs）是一种按照信托原理设计、以发行受益凭证的方式公开募集资金，由专业投资机构对其投资运作以获得收益的一种投资基金。

债券收益率和同期银行存款利率，风险介于股票和债券之间，类似"准国债"的性质。

从 REITs 投资保障性住房可行性角度来看，第一，我国民间资本充裕，可以为资金募集提供充足的来源，近年来储蓄存款余额不断上升，2012 年开始我国居民储蓄率屡创新高，储蓄余额已持续超过 40 万亿元，巨大的民间资本急需多元化的投资渠道（见图 6 - 1）。第二，我国机构投资者不断壮大，近年来，我国房地产信托得快速发展，规模不断扩大，随着国家政策的进一步放开，保险公司、社保基金、养老基金进入投资市场，这些大型机构投资者投资需求旺盛。第三，因为保障性住房能获得政府的支持和税收优惠，盈利稳定，投资风险小，能为广大投资者提供一个稳定且良好的投资渠道，据第一创业研究所报告，经适房限价房的收益率为 4% ~6%，棚户区改造的收益高达 15%，其有稳定的市场需求，回本来源稳定，风险较低。第四，国家政策方面，2008 年 12 月出台的"金融国九条"中，国务院层面首次提出将房地产信托基金 REITs 作为一种拓宽企业融资渠道的创新融资方式，从政策导向上看，发起房地产信托投资基金参与投资保障性住房项目已具备政策支持的条件。

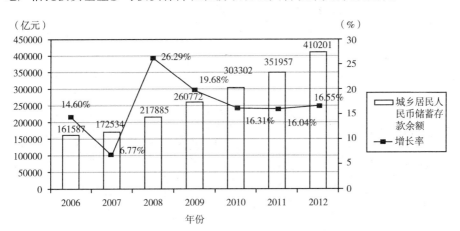

图 6 - 1　2006 ~2012 年城乡居民人民币储蓄余额及增长率

2. 房地产投资信托基金 REITs 运作机制。

（1）REITs 参与运作主体。

REITs 有契约性、公司型两种组织形式。契约型 REITs 是较为常用的形式，其所有权与收益权相分离，财产相对独立，根据契约获得投资收益，受法律保护。与公司型 REITs 相比，采用契约型的 REITs 没有独立的法人资格，必须聘任专业的信托公司管理基金，能够得到更专业的管理服务，且其不需作为公司进行纳税，能有效避免双层征税，在募集方式上主要采用公募方式进行募集，这种模式的法律和政策障碍少，安全性、可行性强。

借鉴国际经验，以我国设立契约型 REITs 模式为例，REITs 融资方式中包含三大主体：基金持有人、基金托管人以及基金管理人。基金持有人即为投资者，包括机构投资者；基金托管人一般由商业银行担任，负责管理信托财产，监督基金财产的使用、资金运作等情况；基金管理人一般由专业化的资产管理公司担任，按照信托约定对管理运作 REITs 资产。三方当事人在资本运作中为"双重监管"和"双重委托"的关系（见图 6 - 2）。REITs 集合投资于以租金收入为主的保障房，投资者购入保障房 REITs 基金，然后将这个基金委托给管理公司进行投资管理，基金管理人基金资金的投资和房地产的管理，出租这些房产所得的收入在扣除信托费用、管理费用以及税收等费用后，大部分用于支付基金持有人的投资回报。

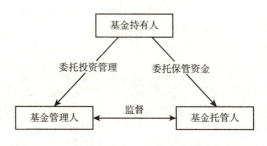

图 6 - 2　基金管理人、托管人和持有人关系

（2）保障房 REITs 融资模式运作流程。

保障性住房 REITs 是一种较新的投资产品，运作过程复杂，涉及多个部门主体如政府、基金管理公司、资产管理公司、托管银行以及各类投资者等。主要运作模式是由基金管理公司向社会公开募集资金并发起成立保障性住房 REITs；投资者通过购买 REITs 的受益凭证成为基金持有人，受益凭证可以在证券市场流动，由此凭借受益凭证享受 REITs 的投资收益。投资者将

REITs 委托基金管理公司进行投资管理，由基金公司负责基金投资运作的具体事务；同时投资者委托基金托管机构保管基金财产。在这里托管机构一般为商业银行，主要负责基金保管、使用、执行投资指令等相关具体业务；同时还承担监督基金管理公司的职责并接受基金管理公司的监督。此外，基金管理公司通过资产管理公司管理 REITs 投资的房地产。基金托管银行托管机构与基金管理公司具有互相监督的关系，这样可以保证 REITs 的收入和分配顺利实施，切实保障投资者的投资利益。资产管理公司一般由专业的房地产开发机构担任，这样有利于发挥其丰富的房地产管理开发管理经验，通过高效运作保障房项目进而保障 REITs 保值增值。在整个融资运作过程中，政府作为保障房建设融资的政策制定者、指导者参与到融资过程中，政府可以通过补贴、税收减免等方式支持保障房的建设降低保障房 REITs 的风险，提高投资者的投资热情和信任度（见图 6 - 3）。

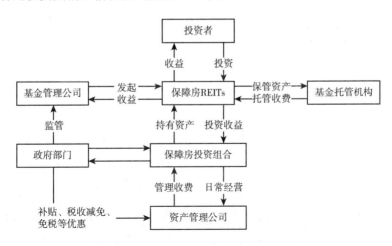

图 6 - 3　保障性住房 REITs 运作模式

资料来源：李静静，杜静. REITs 在保障性住房融资中的运用 [J]. 住房保障，2011。

保障性住房 REITs 的收益主要通过以下途径来实现。一是针对 REITs 投资廉租房和公租房的，可以通过收取租户的租金，对于投资可出售的经济适用房和两限房的，则依靠销售收入来实现；二是政府补贴、税收减免等优惠。此外还可以通过分散化的投资策略进行投资组合以增加保障房 REITs 的收益，如基金在投资地产时可以打包保障房项目配套或者周边的一些商铺、停车场，还可以绑定其他收益较高的商业地产进行投资，比如零售物业、写字楼等。通过这些投资组合来提高 REITs 的收益。通过以上措施提高 REITs 的投资收益，而投资保障房这种准公共产品的风险本身就比较小，所以保障性住房 REITs 对一些保守稳健投资者就会比较有吸引力。从风险和收益的角度上看，REITs 运用到保障房项目投资中具有可行性。

近年来我国保障房建设的力度进一步加大，面临的资金缺口也越大，使得保障房通过 REITs 进行运作有着现实的需要。从试点城市的运作经验来看，天津的保障房 REITs 做法，成为国内推行保障房 REITs 主要借鉴对象。按照天津做法，外部资金以实物配租的方式向符合条件的低收入家庭提供房源；同时以低于市场价极多的价格收取租金，而其中的差价，则由政府提供相应的资金补助返还给外部资金。

3. 保障房 RELTs 融资的关键点。

在我国，为了保证 RREITs 的顺利运行和防范风险，运用 RELTs 融资支持保障性住房建设有很多应该注意且亟待解决的问题：第一，必须规定所投资的房地产项目是可产生（可预见）现金流（或租金）的项目，以保证投资者的分红回报。第二，REITs 只是一种较为市场化的融资方式，并不能改变保障房收益率低，投资回收期长的本质，还需要政府通过财政补贴、税收优惠等方式进行引导和吸引。第三，法律基础是促进 REITs 的发展和完善的保障，而我国 REITs 相关法律的进度滞后于保障房 REITs 的发展，包括 RE-ITs 的发行、成立、募集、赎回、交易转让等一系列配套操作规范，因此，出台相关的《房地产信托投资基金法》、制定房地产信托投资基金的专项管理措施、尽快出台 REITs 的税收措施，从立法上根本解决保障房 REITs 在资金募集、产权交易及税收存在的问题便显得十分必要。第四，强有力的监管措施是 REITs 得以健康发展的保证。我国应根据国情强化对 REITs 的监管力度，完善 REITs 监管体系，建立一个系统性、跨部门的监管体系，才能保证 REITs 的顺利运行。

（二）发行债券支持保障房建设

1. 债券投资保障性住房的可行性。

政策支持方面，发改办财金［2011］1388 号和国办发［2011］45 号明确地方政府投融资平台公司申请发行企业债券应优先用于保障性住房建设,只有在满足当地保障房建设融资需求后,投融资平台公司才能发行企业债券用于其他项目的建设,所以在政策支持方面,债券投资保障房建设具有可行性。另明确对于募集资金主要用于保障房建设的发债申请列入绿色通道、有限办理。保障性住房债券为保障房建设融资而发行的企业债券,要求地方政府划拨的土地等资产和现金流都必须符合融资标准的政府投融资平台才能作为发行主体,随着债券市场在我国的迅速发展,通过发行债券的方式为保障房建设进行融资已经在我国的部分一级城市进行了试点。

投资成本效益方面,第一,我国保障房建设投资金额大、资金回收期长,发行长期债券融资可以适应这样的融资特点。保障性住房的建设周期一般是 2～3 年,保障房建成后,其中公租房和廉租房只可租赁而不能出售,房屋出租的租金可以作为债券发行的利息偿还,但投资建设保障房的本金回收要更长的时间,因此,通过发行中长期的债券对保障房融资具有可行性。第二,债券发行为固定利率,能很好地锁定保障房融资主体的融资成本。特别是国家在对房地产市场进行调控,货币政策趋紧的融资环境下,发行债券能减少利率提高的风险。第三,在债券利息偿还方面,保障房建设中的廉租房和公租房每个月定期的收取租金,将产生较稳定的现金流,能保障偿还发行债券的利息。第四,债券融资支持保障房建设,能为广大投资者提供新的投资渠道,债券的低风险和稳收益能满足稳健投资者的投资需求,从以上四个方面可以看出,利用债券市场给我国保障房建设融资是可行的。

2. 债券投资保障性住房模式。

保障房债券发行主体主要是省级政府和大城市政府为主,发债期限一般为 5～10 年,利率略高于国债利率,发债募集资金投向明确要求投资于保障性住房建设。发行债券支持保障房建设的债券类型有三种,分别是地方政府债券、企业债券和中期票据,地方政府债券,是由地方政府发行的,具有准国债性质,融资成本低,信用度高,这种债券优先投资于保障房的建设;企业债券的发债主体是经过严格审批过的企业,发行有效期长,利率较低,但风险较政府债券大;中期票据是房地产开发商在银行间市场发行的低成本票据。

3. 债券发展保障性住房的风险隐患。

（1）地方债务规模进一步扩大的风险。

目前地方债务的压力已经比较大，加之现有地方融资平台为保障房融资提供支持，实际上就为地方投融资平台打开了另外的融资渠道，将会使地方债务的规模进一步加大，偿债风险增加，如果没有制度约束，最终会使得投资者受害或者政府买单。

（2）债券融资到期无法还本付息。

保障房建设公益性强，平均收益率较低，而债券的刚性偿付要求相对更高，目前的通胀率较高，发行企业债，吸引社会资金，可能存在保障房债券融资的收益不能够偿还本金的问题。

（三）住房公积金支持保障房建设

我国住房公积金制度旨在加快城镇住房建设、推动住房分配体系改革、提升城镇职工住房支付能力发挥作用，近年来，伴随着公积金运行效率低下、低收入群体住房问题不容忽视的问题逐步凸显，如何提高住房公积金的使用效率并未低收入群体解决住房问题成为亟待解决的问题。

第一，在政策制度方面，住房公积金投资保障房建设符合国家对于保障性安居工程建设的总体规划。2009 年 10 月，住房城乡建设部联合其他六部委下发了《关于利用住房公积金贷款支持保障性住房建设试点工作的实施意见》，提出将利用住房公积金闲置资金支持保障性住房建设。这一意见扩大了住房公积金支持保障性住房建设的范畴，住房公积金具有强制储蓄的特点，其根据工资基数的一定比例进行缴存，对金额设有上限，在这样的制度下低收入群体难以享受到住房公积金贷款的好处，只有真正把住房公积金与保障房建设结合起来才能切实发挥住房公积金社会保障的作用。在 2010 年，根据住房城乡建设部消息，北京等 28 市试点作为公积金贷款支持保障房建设的城市。试点工作对政府责任、贷款期限投向、建设标准、监督检查等都做出了明确规定。此外，还规定了在同等条件下，住房公积金缴存职工享受优先购买或租赁的优惠政策。

第二，从我国住房公积金运行状况来看，我国住房公积金规模不断增长且规模庞大，目前总量已超过 2 万亿元，资金面临运营效率低下、抗风险能力不足的问题。住房公积金具有强制性，且用途明确，一般公积金贷款规定也较为严格，这些规定使得高收入者成为政策的受益者，而收入相对较低的人群自身就缺乏对住房的消费能力，在如今房价飞速上涨的市场中，更没有能力购买住房享受公积金优惠。公积金内在的制度设计及近年来的持续增长导致了我国住房公积金闲置率不断增加、运作效率也在不断降低等问题，以北京市为例，表 6 - 2 是 2009 ~ 2011 年北京市的公积金使用状况，可以看出，住房公积金累计数逐年攀升，2011 年年底达到了 3543.79 亿元，闲置率高达 43.38%，中国还有很多城市的住房公积金闲置率很高有的甚至达到 70%，所以将住房公积金投资于保障性住房建设，不仅可以优化其自身资产结构，为拓宽公积金沉淀资金投资渠道提供新思路，还能真正发挥其支持住房建设的作用。

表 6 - 2　　　　　　　　2009 ~ 2011 年北京市住房公积金　　　　　单位：亿元

截止时间	累计数	提取数	闲置数	闲置率（%）
2009 年 12 月	2296.31	1201.53	1094.78	47.68
2010 年 12 月	2859.89	1269.19	1290.70	45.13
2011 年 12 月	3543.79	2006.61	1537.18	43.38

资料来源：北京住房公积金网。

第三，从公积金投资供需方面看，住房公积金自身的资金规模庞大、持续期长、资金来源也较为稳定，这样的优势正好能为保障性住房提供长期低成本的资金，缓解保障性住房资金压力。另外，因为保障房的建设土地一般由政府无偿划拨、税费享受国家减免政策，利用住房公积金投资建设保障性住房的建设成本将远低于商品房建设成本，投资建成后项目具有稳定的需求群体，资金回收有保障，不受到国家房地产市场调控政策的影响。再者，公积金投资于保障房市场还能获得高于银行存款的收益，在当前通货膨胀预期背景下，相对于货币形式存在的资产，投资于实物资产能较好地实现住房公积金的保值增值，总的来说，要解决住房公积金资金闲置和运行低效的问题必须拓宽住房公积金的投资范围，积极推进公积金投资保障房建设，在提高公积金的运营效益的同时，还能解决低收入家庭的住房困难问题，真正发挥其社会保障的作用。

(四）引用 PPP 融资模式

1. PPP 模式可行性分析。

PPP（public-private-partnerships），起源于英国，中文称为公私伙伴关系，即公共部门与私营部门的合作模式，是指政府或公共部门与私营企业为了完成某一个带有公共物品性质的项目的投资建设，从而通过契约的形式形成的一种相互合作的关系。在 PPP 运行过程中，公共部门和私人部门通过签署项目合同明确各自的权利和义务，目的就为完成特定项目达成合作，实现参与合作的各方的利益，同时分担投资风险和承担社会责任。PPP 模式的本质就是基于公共物品提供者和生产者相分离的原则，发达国家在实施旧城改造中普遍采用这种融资模式，目前在国际范围内已有广泛应用。

保障房引用 PPP 融资模式具有可行性。①政策上支持方面。我国鼓励和支持社会资本进入投资，参与经营公益事业、基础设施等项目建设，保障房 PPP 项目融资符合政策要求，2011 年财政部也提出研究引入 PPP 模式解决保障房资金不足问题。②从经济角度方面，首先基于保障房自身属性来看，保障房是专门针对中低收入家庭提供的，虽然具有保障的性质，保障房作为一种准公共产品，部分保障房可以通过租售的方式获得收益，同时政府也会给予相应的补贴和税收优惠政策，引入 PPP 参与保障房建设经济上具备可行性。③PPP 融资模式在我国具有一定的实践基础，在我国适合 PPP 融资模式的项目类型有：交通设施，固定连接（桥梁、隧道），教育设施，包括学校、博物馆、图书馆，体育和娱乐设施，会议中心等具有公益性质的项目建设，这种模式可以实现政府和私营部门的"双赢"。从现有我国基础设施建设的经验可以看出，PPP 模式在保障房建设中的运作是可行的，PPP 融资模式在地方保障房建设中已取得成功经验。如：河南省焦作市在改造棚户区项目的融资中使用了 PPP 模式，北京保障房建设也引入了 PPP 模式。随着近年来保障房建设的规模不断扩大，资金缺口不断加大，引入 PPP 模式有利于调动民间资本，弥补公共部门资金不足，将 PPP 模式应用于保障房建设，不但能减轻财政负担，拓宽社会资本的投资渠道，活跃投资市场，还能引入私营单位先进的技术，提高项目建设的效率。

2. PPP 模式运作机制。

（1）PPP 模式参与运作主体。

PPP 模式是一种综合开发的模式，在运作过程中涉及基础设施建设、土地开发、住宅更新建设等方面，典型的 PPP 运作思路是政府首先根据项目建设的需要选择出适合的合作单位，并与合作单位组建项目公司 SPV（special purpose vehicle），政府授权 SPV 负责整个项目的融资、建设和经营，其实质是政府通过给予私营机构一定的收益和特许经营权来换取政府当前项目建设所需的资金。

保障房项目建设中，参与 PPP 融资模式主体有投融资、监管以及建设等方面，包括政府、私营企业、银行、金融机构、项目公司等。其中政府通常作为项目的发起人，发挥着政策引导和监督管理的作用，项目公司由政府和私人企业联合组建，私人部门的积极配合协调项目公司负责整个项目实施运作过程，包括项目审批、施工、监督等，其他参与主体还可能包括顾问公司、保险公司等机构。这些参与主体在 PPP 模式运作中缺一不可，各自发挥着重要的作用。

其中，政府与私营企业之间形成一种特许权经营的合同关系，即政府授权项目公司在特许期限内建设项目并负责经营，在经营期内可以获得合理收益，待特许期满后 SPV 必须将项目无偿移交政府，项目在融资过程中融资来源主要是私人资本、银行贷款等社会资本。具体关系如图 6 - 4 所示。

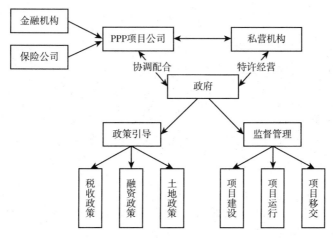

图 6 - 4　PPP 融资模式基本框架

（2）保障住房 PPP 运作模式。

保障性住房 PPP 项目的运作流程分为四个部分：项目前期准备、项目建设、项目运营和项目移交（见图 6-5）。

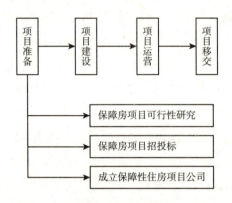

图 6-5　保障性住房 PPP 项目运作流程

在项目的准备阶段的第一步是立项，通过招投标选择合适的投资者，并成立项目公司。具体操作方式是，根据政府部门所选择的合适保障房项目，对该项目进行可行性分析，在此基础上进行立项。然后通过招投标面向市场对保障房项目标的进行竞标，选择具备实力的私人机构，并成立项目公司。项目公司作为项目执行主体与项目参与各方签订协议或合同，有效分配项目收益和风险。整个 PPP 融资模式下，就是政府、私人机构和项目公司之间相互博弈的均衡结果，通过协议分配好各方的责任后，开始建设项目，整个项目运作过程中，项目公司将全程负责项目的筹资、建造等一系列活动，在项目建成验收后，则进入运营阶段。

项目运营阶段保障房项目公司收回投资获得收益的关键阶段，项目公司按照协议规定对保障房项目进行运营规定，对通过出租廉租房和公租房获得租金收入，通过出售经适房和两限房取得销售收入，并按规定在运营期间享受政府的税收优惠及补贴。项目运营特许期结束后，进入项目移交阶段，把保障性住房项目交给政府或指定单位，这一阶段政府部门要做好项目的接管工作，并与私人部门处理好相关的资产评估、利润分配、债务清偿等问题。

3. PPP 模式运作的关键环节。

（1）明确项目参与主体的职责。

保障房 PPP 融资模式，涉及主体多，相关职责和利润分配等问题较为复杂，明确项目参与主体的各自职责对 PPP 成功与否至关重要。项目公司在特许期内代表政府处理保障房建设的相关事宜，在保障房建设 PPP 项目中起着重要的纽带作用。政府作为准公共产品的最终提供者，在 PPP 模式中作为组织者、引导者，并非资金提供者和经营管理者，同时政府承担监管监督的角色，通过适当的政策支持，保障社会投资能够得到合理的回报。私营机构作为重要参与方，获得政府授予的特许经营权，承担着项目建设相关工作。

（2）明确项目参与主体的风险分担。

PPP 模式存在风险识别比较难、组织形式非常复杂、没有一个标准的应用程序参照、容易产生纠纷、投资人选择难度大等问题。项目实施过程中风险较为复杂，因此应用 PPP 模式于保障房建设，要事先明确各参与主体的风险分担问题，通过契约设计完善制度，化解风险，在签订的合作协议和特许协议中，明晰产权问题。

PPP 融资模式，一方面解决了准公共产品资金供应紧张的瓶颈问题，另一方面，在项目实施过程中引入了社会多方力量参与，可以把私营机构的高效率和先进水平带给项目，提升项目建设的成功率。因此，将 PPP 模式成功应用的经验推广到城市保障性住房的建设很有意义。借鉴国际上 PPP 操作的成功经验，在防范风险的前提下，吸引更多的社会资金进入准公共产品领域，对于保障房的建设力度。

6.1.2　各类融资方式的比较分析

（一）REITs 融资模式发展保障性住房的优势

1. 为保障住房建设提供专业化服务。

通过 REITs 的融资模式投资于保障房建设，在提供资金的同时还能提供更加专业化的服务，一方面，在保障房建成后，REITs 模式下专业的投资公司会对其进行经营与管理，为住户提供更便利更全面的服务，提升保障住房的出租出售率，稳定了保障房自身的资金回收；另一方面，REITs 融资由政府牵头，并有权威的第三方的评估意见以及专业化的投资团队，保障 REITs 合理的回报率，专业化的运作降低了保障房的投资风险。

2. REITs 为投资者搭建了投资房地产的平台。

目前我国居民的可投资方式较少，居民倾向于投资房地产达到保值增值的目的，但由于房地产投资金额大导致很多居民在房地产投资方面缺少合适的平台，保障房 REITs 具有收益稳定、资金高安全性的特征，往往能得到收到许多风险厌恶投资者的偏爱。保障性住房 REITs 便于个人投资者投资的表现在：一是保障性住房 REITs 在运营过程中，公开交易的房地产投资信托基金审计财务报表便于投资者获得准确的财务信息；二是房地产投资信托基金的信息是由信用评级机构进行评估的，可靠性更高；三是小额交易者能够买到房地产信托基金的股份，兼具公开市场良好的流动性和较好的投资收益；四是在基金密集的房地产行业，REITs 对投资额度的限制较小，为小额投资提供一个良好的投资渠道。

3. 培养和健全房地产资本市场。

房地产信托投资是 2008 年在我国金融市场的引入的，这是一种全新的投资工具，将地产行业和金融业联系在一起，拓宽了房地产行业的投资渠道，活跃了房地产市场的发展，传统的房地产行业由关系竞争演变成了资金竞争，利于培养更加健全的房地产资金市场。

4. 增强房地产市场的资金流动性。

传统的房地产交易市场，交易会受到地域、资金额的限制，而 REITs 可以按标的房地产的价值划分为若干的有价证券，并能够在公开市场上流通。投资者可以根据投资需求自行选择投资品种与投资数量，或选择赎回资金。这种融资工具为保障房建造提供了持续而稳定的现金流量，润滑了房地产的市场的流动性。

REITs 在保障房建造和融资模式中，具有显著的优势，但也有其不足之处。优点表现在有稳定持续的收入来源、对小规模投资者吸引力较大、私人资本充裕，由此，提高融资透明度与运行效率，还使得投资品种更加丰富；其劣势也是显而易见的，表现在政府权限还不明晰、收益相对较低、金融市场发展不够成熟、法律法规有待完善。

（二）PPP 融资模式发展保障性住房的优势

1. 引入社会资本投资。

将 PPP 模式引入到了保障性住房建设，一方面开拓了社会资本的投资路径，满足了私人资本和社会闲置资金的投资需求；另一方面还降低了政府部门的财政压力。

在"十二五"规划的五年时间里，国家在保障房建造方面将新开工3600 万套，将社会资本引入到保障房的建设中来，能够有效地缓解政府财政资金的资金压力。在 PPP 模式中，政府以项目主体身份参与到项目的建设和运营中来，同时能提高了整个项目的融资可能性，降低融资难度。

2. 合理的风险分担机制。

保障房建设周期长、所需的资金量较大、涉及主体多，风险较高。PPP项目中，政府部门进行参与，承担起一部分投资风险，政府部门在其中还能发挥支持与监管的作用，更加有利于私营部门顺利完成项目建设。私人部门承担了保障房项目的运营风险和建设风险，与之相适应的，政府部门则承担了法律风险、政策和法规风险。同时，为了保证项目的有效运作，私人部门通常可以使用经验和技术方面的优势，对 PPP 模式中的项目风险进行及早地识别。

3. 管理和技术优势。

第一，PPP 融资模式的前提是项目产权归属明确，清晰的产权使得项目运作效率更高；第二，在 PPP 模式中，私人部门的参与会引入其先进的技术和管理经验，从而降低项目运营的成本，提高整个项目的运营效率；第三，私人部门参与项目投资时具有逐利性的，政府部门通过与私人部门的合作，为项目提供政策支持和相应的优惠措施，可以提高私人机构参与保障房建设的积极性。

此外，债务融资属于政府主导型融资，可以作为弥补财政补贴不足的手段，债务融资投资时间比较长，年末需要偿付利息，而保障房可出售和可出租的房源可利用建成后的收益偿付利息，但近年来地方债务不断攀升，对未来地方发展融资保障房建设提出了不小的挑战。

住房公积金、社保基金投资融资属于集体资金的融资方式，住房公积金体量大，由于自身的属性故对投资保本能力有较高要求，利用公积金和社会保障基金融资可以提高其运营的效益（见图6-6）。

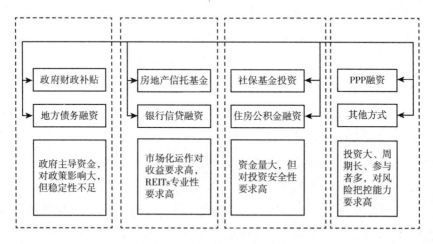

图6-6　保障房融资模式比较

6.2　不同类型保障房项目融资的适用性选择

6.2.1　保障房项目融资模式适用性选择的理论基础

（一）公共物品理论在保障房融资方面的应用

萨缪尔森（Samuelson）对公共物品的定义是，无论何人对这种产品的消费，均对其他人在这种产品的消费上不存在弱化的影响。本质是指这种物品是否具有非竞争性和非排他性，即当某人消费某种产品时，不会排斥其他人对该产品的使用，也不会减少其他人使用该产品。依据公共物品的两个基本特征进行划分，一般可以区分为准公共物品与纯公共物品。准公共物品的性质处于纯公共物品与纯私人物品之间，在非排他性以及非竞争性上的能力不是充分的。举例来说，教育、城市的公共道路，这些产品都可以认为是属于准公共物品。

我国的保障性住房市场属于准公共产品。首先，其在消费上规定限制供应对象，只提供给住房困难的家庭居住，具有不充分的排他性。其次，保障性住房投资利润低，但也可以通过出租或者出售获得收入，具有不完全竞争性。根绝公共物品理论，保障性住房是标准的准公共产品，难以单纯依靠市场机制完成建设，原因在于存在"市场失灵"。如果由私人部门提供公共物品，会出现"搭便车"现象，难以实现利益最大化。从理论上说应该依靠政府部门建设保障房，但是根据我国的国情来看，目前我国保障性住房市场需求大、建设任务重、融资难致使政府财政资金无力承担，通过公共部门和私人部门的合作，由政府给予相应的优惠政策吸引私人部门参与投资建设，才能获得更好的经济效益和社会效益。

（二）项目区分理论在保障房融资方面的应用

项目区分理论，是以投资项目有无资金流入、是否存在收费机制为标准，把投资的项目分成经营性项目与非经营性项目两种。经营性项目，是指有资金流入，在运作中可通过市场来进行配置资源的项目，从根本上说，经营性项目的最初投入资金可以在项目运作时期逐渐回收，实现价值增大。

经营性项目如果进一步按照能否收回成本，或利润的多少，区分为准经营性项目与纯经营性项目。纯经营性项目可完全依靠市场投资完成，企业投资有利可图，目的是达到利润最大化，比如收费的高速公路等项目的投资。准经营性项目则是指不能完全收回投资或不能完全由市场进行配置的项目，其运作经济效益不明显，但项目本身具有潜在收益和较强的正外部性，准经营项目需要政府支持补贴并提供政策优惠等方式以保证项目的正常运营。

根据项目区分理论来进一步确立投资项目的产权归属、融资模式、运作机制和投资主体等问题。保障房自身具有有效的社会保障能力，完工后可以产生稳定的先进来源，归于准经营项目，但不同类型的保障房其成本回收机制不同。

依据上述理论，不同的保障房类型，在选择融资模式时，需要考虑自身的特点及适用程度。根据各类保障性住房不同的性质和各类资金来源的特点配比相适应的融资渠道，能够加资金使用效率以及强融资的成功率，从而与我国多层次的住房保障体系的融资要求相适应（见表 6 - 3）。

表 6 - 3 　　　　　　　　　　各类保障性住房经济特性分析

类 型	收益率	风险	回收期
廉租房	最低	最低	最长
公共租赁住房	较低	最低	较长
经济适用房	中等	较高	销售时期
两限房	较高	较高	销售时期
棚户区改造	较高	较高	销售时期

6.2.2 廉租房及公共租赁房的融资选择

廉租房和公租房都属于保障房,两者在产权方面非常类似,都是只对外出租,但不出售;不同点在于廉租房的租金水平比公租房低一些,两者的融资渠道也具有相似性。

公共租赁住房和廉租房在以后的保障房建设中,将是一个重点内容。2011 年,公共租赁住房和廉租房的建造数量达到 400 万套,占保障房建设总量的 40%。可以发现,这两类保障性住房建设规模大,且建成后能出租收取租金具有稳定的资金收益,但租金往往较低,所以公租房、廉租房的融资是最困难的。当前时期公租房和廉租房的资金渠道还不多,一般有三种来源:一是来源于住房公积金的增值收益;二是地方政府拿出土地转让收入的一部分;三是中央与地方财政拨款。根据有关法规,保障房建设时,必须在满足廉租房的条件下,住房公积金增值收益以及土地转让金才能用于公共租赁住房的建设。由于政府性融资的低风险和低成本特征,这两类保障房的一般都更多的通过政府作为主导来获得资金来源,比如,地方政府的债券、财政支付以及部分的社保基金。

市场化的融资渠道方面,廉租房与公共租赁住房除了向政府筹集资本外,另外的全部需要向金融机构融资或项目融资,但二者的投资时间长,一般至少需要 20~30 年,单纯依靠租金难以回收成本,租房收回成本的周期长。银行贷款方面,当前除了国家开发银行、建设银行等少数大银行能提供适合的保障房融资信贷业务外,一般的银行贷款则会优先考虑给棚户区改造房以及经济适用房项目，其他银行都提供不了这种期限太长的贷款业务。如果那些银行发行保障房长期贷款，期限将与其占多数的短期负债业务不匹配，此时将产生一系列的问题，如无法对冲利率风险，银行流动性不足等。因此，银行贷款并不适宜进入这两类保障房的融资领域。此外其他市场化的融资方式如保障房 REITs 和 PPP 模式也不适合，因为市场化的融资手段对收益要求相对会比较高，但公租房、廉租房的还款来源有限，周期过长，对社会资本的吸引力度不足。所以二者比较适合依靠政府性资金、向大型银行进行贷款来解决融资问题。

此外，尽管廉租房和公租房的投资收益不能满足 REITs 的要求，不适宜作为 REITs 独立的投资对象。而经适房、两限房可以提供高于公租房与廉租房的收益率，但是经适房与两限房属于出售物业，不能提供长期的收益。因此，保障房 REITs 可以规划为出租物业与出售物业的投资组合。如采取①廉租房、经适房及非保障住宅；②公租房与经适房；③公租房、经适房及非保障住宅的组合，采取有效措施吸引保障住房 RELTs 投资廉租房和公租房。

集体资金融资方面，住房公积金和社保基金也可以运用其中，因为住房公积金和社保基金对安全性要求较高，同时也要求一定的保值增值收益，相比较而言，公租房的租金比廉租房较高，故通过集体资本融资方面，公租房较廉租房更为适用。

6.2.3　经济适用房及两限房的融资选择

通过对保障性住房供应体系中的经济适用房与两限房性质进行比较，发行二者相似，都是有收益性，是这个体系中的准公共产品。政府部门可以用财政津贴和优惠措施等方法进行支持，吸引社会公众进行投资，实现政府和社会资本共同合作的模式。从资金回收方面看，经济适用房和两限房建成后可以出售给符合条件的中低收入人群以回笼资金。一方面通过出售房屋就能回收一部分现金流；另一方面，由于行政机构能出台政策支撑，其建设的土地可以经过政府部门划拨，还能享受税收、土地等方面的优惠，投资风险低，收益通常高于同期银行存款利息。总的来看，经济适用房和两限房在融资渠道上适宜采取以财政支持和社会参与相结合的方式来筹集资金。

经济适用房与两限房具有准公共物品特点，二者是可销售的保障房，建设周期比较短，出售价格低于普通的商品房价格。因此，可通过出售逐渐收回资金，通常建造完工的 2～3 年以内，就能回收全部成本。与其他保障房类型相比，这两种类型的保障房进行融资时候渠道比较流畅。

从项目投资的经济性质考察，基础设施的经济属性包含项目风险与收益之比、投资收益率、沉淀成本和规模经济等内容。

对于两限房与经济适用房来说，其沉淀成本与规模经济位于中等水平，虽有一定程度的竞争性，但还不至于完全垄断。两者的投资回收率都比较高，有一定的利润；项目风险和收益之比小，说明项目收益较好，风险不高，因此，适合市场化的融资方式。

由此可知，多数情况下通过市场化的融资手段来解决资金缺口问题。从银行贷款来看，可以向商业银行申请中短期信用贷款，并且商业银行通常愿意主动支持此类保障房的建设，因此，银行贷款适合两限房与经济适用房的建设融资。

发行债券融资这种方式对项目的要求是，项目建设完工后需要有稳定的收入，而两限房与经济适用房的出售收益不能保证这一点。因此，利用债券作为融资工具通常不适合用于两限房与经济适用房建造资金来源。

保障房 REITs 也是两限房以及经济适用房的筹资方式之一，两限房与经济适用房可以提供高于公租房和廉租房的收益，其销售收入可以为保障房 REITs 保障收益，且资金回笼快，加之政府为保障房提供的政策优惠、财政补贴等措施保障了投资者的信心，对保障房 REITs 投资者有很大的吸引力。引入 PPP 模式可经适房、两限房提供资金支持，通过吸引私人资本进去能够保证私人投资的资金来源。

从经济适用房与两限房的项目特征来看，与准公益性相匹配，还可以采取具有社保性质的住房公积金与社会保障基金进行融资。一方面，从风险和收益的匹配性来说，两限房与经济适用房的投资风险比商业住房的投资收益低，其投资收益也相对低。投资于保障房无疑为住房公积金与社保基金提供了稳定的投资渠道。从风险的角度来考虑，稳定的资金收回是吸引投资者的一大优势。另一方面，社保基金与住房公积金的资金规模大、来源持续稳定、存续时期长，且具有筹资成本较低等特点，此类融资来源对资金投资的安全性要求比较高，故能够为经适房和两限房建设提供长期的资金支持，缓解融资压力。当然，对于准公共物品项目，还需要政府提供更多的政策支持，如通过调整住房公积金投资保障房建设的政策法律法规，扫除这类资金投资保障房建设的法律障碍等，进一步拓宽保障房的融资渠道。

6.2.4　棚户区改造房的融资选择

根据棚户区改造房的经济特性分析，其是保障性住房体系中私人性质最强的产品，具有竞争性与排他性。实际上，城市棚户区改造和任何其他城市不动产开发项目区别不大，属于经营性项目。此类经营性项目的特点收益可观，风险也较高，对于市场调节的调节作用具有灵活性。与商品房的住房建筑项目类似，棚户区改造项目的具有市场竞争力，投资收益较高，能够达到社会平均利润率。因此，棚户区改造项目的融资由多种资金投资，一般可以按照社会市场规则运营，建造成功后也可以依据商品化方式运营，这能还能形成一种良好的循环机制，从投资到经营，再从经营到回收。可以大大的弱化政府性资金和一些集体性资金的融资功能。

在对棚户区改造房投资时，要综合棚户区改造房的实际情况，不同条件的改造房其融资模式偏重有所不同。比如，如果棚户区改造房处在好的地点或位置，可以采用多样化的融资形式来筹集资金，也就是采用与普通商品房筹资渠道相似的融资方式，运用市场化方式，采取如银行信贷融资、信托资金融资、REITs 融资、保险资金融资、PPP 模式等手段，发挥市场调节的功能；并且，为满足民间资本更高的资本收益要求，提高保障房的利润，还应该允许在保障房规划中建立起配套的商业设施。

同时，采取一些措施提前回笼资金以保证项目建设，如建立保障房预售制度。这个预售制度实际上与商品房的销售方式类似，政府部门可以在住房建造完工并交房之前，从购买者那里获得资金，这笔资金还能成为保障房的建设融资来源。政府部门还可以考虑调动适当进行利息补贴，调动民间资金参与积极性。

但若一些棚户区改造房的区位不理想也会面临很大的风险，这类棚户区改造出来的商业价值很低，会出现还款风险，这样就很难吸引社会资金投资建设，必须依靠中央或财政的财政拨款、大型银行贷款以及住房公积金等方式完成建设。

通过归纳出三大类不同的保障性住房，并总结出与保障房相适应的投融资方式匹配情况，按照程度的不同，可以划分为适用和一般适用两种情形。保障性住房与融资方式的适应性匹配如表6-4所示。

表6-4　　　　　　　　　　保障性住房与融资方式的适应性匹配

		政府性资本		市场化资本			集体资本	
		财政资金	债务融资	银行信贷	REITs融资	PPP融资	住房公积金融资	社保基金融资
公益性项目	廉租房	适用	适用	一般	一般	一般	一般	一般
	公共租赁住房	适用	适用	一般	一般	一般	适用	适用
准公益性项目	经济适用房	适用	一般	适用	适用	适用	适用	适用
	两限房	适用	一般	适用	适用	适用	适用	适用
经营型项目	棚户区改造	一般	一般	适用	适用	适用	一般	一般

第 7 章

我国保障房融资模式的建议

　　探索中国的保障房融资模式，要求着眼于保障房的属性和中国的国情，在充分借鉴成熟国家保障房融资经验的基础上，寻求适合中国保障房发展特征的新型融资模式。鉴于保障房的公共属性和中国保障房的初级阶段特征，中国的保障房融资首先要强调政府的主导或引导作用，把政府融资作为当前保障房融资的一种稳定资金来源渠道，同时依托政府力量来探索多元化的融资模式（如创新项目融资模式、设立专门的融资机构、扩大资金来源渠道等）。当然，这些融资模式作用的发挥与放大，要求配以完善的法律保障体系。基于此，政府应从宪法、专项法律和管理办法等多个层面，构建完善的保障房法律体系，为保障房融资的实施提供支撑与保障。需要强调，法律制度更多的是一种指引和规范，探索保障房融资方式并改善保障房资金困境，还需要建立完善的激励约束和监管机制，在吸引资本的同时，规范市场融资行为，保证各种融资模式效益的充分发挥。

7.1　发挥政府的主导地位

　　保障房是一种公共产品，要求政府依托"有形之手"给予干预。就中国而言，由于保障房起步较晚，市场需求大且供给不足，所以该阶段下政府对保障房融资的"干预"应当表现为"主导"。政府在保障房融资中挥发主导作用，一方面要明确其责任主体地位，通过各种制度设计来解决保障房资金困境；另一方面利用其主导作用来引导市场探索多元化的融资模式，拓宽保障房建设的融资渠道和丰富资金供给来源。当然，政府主导保障房的融资活动，并不意味着将市场力量排斥在外。实际上，在整个保障房融资活动，政府作用更多的表现为引导市场行为和资金流向，从而形成多方共同支持保障建设融资的格局。

7.1.1　发挥政府在融资中的主导作用

保障房的公共产品属性决定了单纯依靠市场"无形之手"来解决建设及融资问题，不可避免地会出现市场失灵问题，所以需要借助政府"有形之手"来对融资施以干预，从而保证保障房融资的顺利推进。在中国，保障房尚处于发展的初级阶段，这就要求政府对保障房融资的"干预"应当是一种"主导"，即政府主导保障房的融资。当然，这种"主导"并不意味着政府对保障房融资"大包大揽"，而是依托制度安排下的"主导"。同时，伴随着中国保障房事业的发展，政府主导保障房融资所依托的制度安排，应逐步由政策化向法制化转变，并最终形成一个完善、健全的法律体系。

成熟国家的保障房建设经验表明，政府应当在保障房的融资中扮演责任主体的角色。就中国而言，由于保障房事业发展相对滞后，较小的利润空间导致社会资本不愿参与建设，但强劲的社会需求有放大了保障房建设所要求的资金支持力度。政府作为社会管理者和公共产品的供给者，应当在保障房的融资中占据责任主体地位，利用"有形之手"来促进保障房的融资。特别的，在当前中国保障房供求矛盾突出、资金支持严重不足的背景下，政府应施以更大力度的干预，如利用财政资金、发行建设公债等方式直接参与保障房的建设。需要强调的是，政府作为保障房融资的责任主体而发挥主导作用，并不意味着政府要对保障房融资实行"大包大揽"。应该说，在当前中国保障房事业尚处于初级阶段的背景下，政府应发挥主导作用；而随着保障房事业的不断发育与成熟，政府在保障房融资中的作用应由"主导"向"引导"过渡，即通过制度安排来吸纳更多社会资本参与保障房建设，从而将政府从保障房融资的具体事务中解脱出来，以专注于宏观层面的住房保障体系构建与完善。

（一）政府应通过制度安排来引导保障房融资

政府主导或引导保障房融资，并非要求政府专注于融资过程中的具体事务，而是要利用制度安排来规范融资行为和推动融资方式创新，为保障房融资创造一个良好的环境，从而实现保障房融资良性、有序和持续的进行。政府依托制度安排来主导保障房融资，要求从三个方面着手：一是约束性制度的建设，具体包括各种法律法规、监管制度的建设，从而对保障房的融资行为施以约束和规范，避免融资行为走偏而脱离保障房建设的本质要求；二是激励性制度的建设，即允许并鼓励保障房融资方式创新，以缓解政府财政压力并拓宽保障房建设的资金来源，如通过 REITs、PPP 等新型融资方式的使用以吸纳更多社会资本与私人资本参与保障房建设；三是各种配套制度的建设，如对保障房建设的财政补贴和税收减免制度、土地供给制度、保障房管理制度等，从而对保障房资金供给者的权益形成有效保护，提高市场参与保障房建设的积极性。

（二）政府对保障房融资的主导应从政策化走向法制化

政府主导保障房融资所依托的制度安排，需要经历一个变迁的过程。具体来说，在保障房事业的发展早期，由于各种制度尚处于探索阶段而不稳定，所以保障房融资的制度安排更多地表现为各种优惠政策或政策支持；伴随着保障房事业的发育与成熟，各种制度建设逐渐完善，原有的一些不合适、不适用的政策将逐渐褪去，剩余的政策就应当以立法的形式固定下来，从而实现制度安排由不稳定的政策化向稳定的法制化转变。当然，制度安排的法制化，并不意味着只需要一两部法律文本就可以覆盖整个保障房的建设与融资。实际上，政府主导保障房融资所依托的法律制度，是一个相对完整、互为补充的法律体系，它不仅包括宪法、民法等一般性综合法律中关于保障房的具体规定，还包括社会保障法、住房保障专门法、政府法律中关于保障房融资的规定。

（三）发挥政府主导作用的同时应积极引入市场力量

保障房的公共属性决定了政府是保障房融资的责任主体，特别是在保障房发展初期，政府的主导作用应更加强化。保障房事业是一个长远事业，不论是初期的住房建设，还是后期的维护与管理，都需要大量资金给予支持。这就意味着，推动保障房事业发展，单纯依靠政府的财政资金是很难甚至根本无法完成的，否则就会给政府财政带来巨大负担，影响政府对宏观经济的引导力。因此，政府在主导保障房融资的同时，不能完全排斥市场力量，应该积极吸纳社会资本与私人资本参与保障房建设。当然，积极引入市场力量，也是政府主导保障房融资的一种具体表现。在这个过程中，政府可以充分利用财政、税收、货币等手段，激发市场活力。具体而言，一方面，政府可以通过各种财政补贴、税收优惠等经济政策，吸引社会资本与私人资本参与保障房建设，从而赋予私人部门合理收益的同时，又解决了保障房融资难题；另一方面，政府还应该采用多种经济手段如财政补贴、财税优惠等，以吸纳更多的私人资本与社会资本参与保障房的建设。总之，在保障房融资中，政府不仅要依靠财政资金支持保障房建设，还要放大其主导作用，积极引入市场机制，通过政府与市场的有机结合来提高保障房建设和融资运营的效率，从而充分发挥政府和市场的互动效应。

7.1.2　探索多元化的融资方式

解决保障房建设的资金困境，核心在于探索多元化的融资方式，通过拓宽融资渠道来吸引更多资金参与保障房建设。鉴于保障房的政策属性和公共属性，政府在保障房融资中应当发挥主导或者引导作用，其中就包括探索多元化的融资方式。具体而言，探索多元化的保障房融资方式，首先要立足于政府力量的充分利用与效益发达，即强化政府融资的主要地位。在此基础上，通过创新融资方式，如利用 REITs、PPP 等方式来吸纳各种社会资金。同时，构建专门服务于保障房的融资机构也是重要手段之一。当然，融资方式只是手段，关键在于要扩大资金来源，允许更多的资金参与保障房建设，这其中包括国有土地出让金、住房公积金增值收益、社保基金以及私人资本等。

（一）政府融资模式

保障房的公共属性决定政府是最大的建设主体和资金供给者，特别是在保障房事业的发展初期，依托政府融资模式在保障房融资的各种模式中更是占据着绝对主导地位。中国探索保障房融资模式，首先要立足于当前中国保障房事业发展的阶段性特征，强调政府融资模式的主导性和引导性，充分发挥并放大政府作用。在此基础之上，再去探索创新型的融资方式。

总体而言，可供使用的政府融资模式主要有三种：第一种模式是财政资金融资，即政府通过财政支付直接或间接支持保障房建设，它是政府融资最简单也是最重要的一种方式。从中国保障房事业的未来发展趋势看，财政拨款应当成为保障房建设的常态固定资金来源，并主要通过财政补贴、税收优惠、直接投资等方式为保障房建设提供资金，而且这种融资是无偿的。第二种模式是银行贷款模式，即政府依托保障房建设平台公司向政策性银行、商业银行以及住房公积金中心申请贷款来建设保障房。目前，政策性银行贷款是保障房融资的主力，商业银行贷款因强调盈利性而较少使用，而住房公积金贷款因存在法律瑕疵而很少使用。未来，政策性银行贷款仍然要发挥主力作用，同时通过制度完善来强化住房公积金贷款对保障房建设的资金支持。第三种融资模式债券融资目前，地方政府主要依托各种融资平台来发行企业债券并用于保障房建设，当然地方财政要为这种债券提供担保。伴随着中国债券市场的发育与完善，地方政府自行发债将是大趋势，在此背景下，地方政府可以通过发行市政债券或者建设的方式来为保障房建设提供资金。

（二）创新项目融资模式

在保障房的融资过程中，政府的主导或引导作用是其他任何力量都无法替代的，特别是在发展的早期阶段，政府的主导作用更加凸显。但是，从中国当前的实际情况看，面对捉襟见肘的地方财政和日益放大的保障房需求，单纯一种政府融资是很难甚至无法实现中国保障房建设目标的。基于此，推动保障房事业发展、解决保障房融资难题，不能拘泥于政府融资模式（如政府财政资金支持、政府平台银行融资以及发行实证公债），而要着眼于融资方式的创新和融资渠道的扩大。特别是伴随着中国保障房事业的发育与成熟，尽管政府融资支持相对稳定，但从相对数量看，政府融资支持所发挥作用应当趋于弱化，转而更多的依托市场融资。

创新项目融资模式来解决保障房融资难的问题，是多数国家普遍使用的一种方法，也是当前中国应积极探索的一种手段。具体而言，创新保障房的项目融资模式，一方面可以借鉴成熟国家的经验，采用 BT 模式、BOT 模式、PPP 模式、TOT 模式、REITs 模式和 ABS 模式等多种融资模式；另一方面，可以结合中国的国情，着眼于当前中国的经济发展水平、城市化水平、土地制度、财政制度、住房供求结构等，创新符合中国保障房建设需要的新型融资模式；同时，还要针对中国每一种保障房的特定情况，创新有针对性的融资模式，保证每一种融资模式的科学、合理与适用。当然，由于中国缺乏 PPP、REITs 等新型项目融资模式的实践经验，所以政府可以先在部分地区或城镇进行小范围的试点试行，通过项目实际运作的收益情况、暴露的问题及解决来检验这些新型融资模式的可行性与合理性，待成熟之后再逐步推广开来。需要强调的是，创新项目融资模式、发挥市场机制作用，并不意味着政府力量要从保障房融资领域退出。实际上，在保障房融资领域，从绝对值上看，政府融资是稳定的；而从相对值上看，政府融资逐渐让位于各种创新型融资模式。当然，整个过程的转变以及项目融资模式的创新，都是由政府推动的。

（三）设立专门的融资机构

探索保障房的融资模式，不仅仅要专注于具体的融资方式（诸如 RE-ITs、PPP 等），还要强调融资体制的改革。保障房属于公共产品的范畴，是政府为了解决中低收入阶层而推出的一种公益性、政策性住房。保障房的这种公益性和政策性，决定了它没有普通房所具有的高利润空间，从而导致私人部门不愿参与投资。基于此，政府应通过某种方式给予补贴。从成熟国家的经验看，成立专门的保障房融资机构或平台并依托该机构统筹负责保障房的融资，是一种较好的选择。具体来说，中国可以效仿新加坡中央公积金局、韩国国民住宅基金以及日本住宅金融公库的做法，设立自己的保障房融资机构，并由该机构负责向保障房建设主体提供低于市场平均成本的资金。

设立专门服务于保障房建设的融资机构，应当强调三个方面：第一，保障房融资机构不以利润最大化目的。保障房融资机构不同于市场化的商业金融机构，它是由政府主导成立并着眼于保障房建设的政策性金融机构。因此，保障房融资机构更强调公益性与政策性，应当以低于市场平均水平的资金成本向保障房建设和运营主体提供资金，弥补资金缺口。对于保障房融资机构因低息贷款而产生的亏损，应当由政府财政给予政策性补贴。第二，保障房融资机构应当专门服务于保障房建设和运营。保障房融资机构提供的资金，只能用于与保障房相关的领域，不得与其他资金混业，更不能挪为他用。当然，保障房融资机构服务于保障房事业，不仅用于建设领域，还可以用于其他形式的保障房房源收集（如收购二手房、办公用房作为保障房），也可以用于保障房的后续维修、维护等运营活动。第三，保障房融资机构应建设服务于本地区保障房建设为主，同时兼顾其他地区的保障房事业发展，从而实现保障房资金利用效率的最大化。在具体操作中，应当允许不同地区的保障房融资机构之间进行短期资金拆借，但为了防患风险，又要从拆借期限、拆借额度、拆借成本等方面给予严格控制和限定。总之，设立保障房融资机构，核心目的在于发挥杠杆作用，盘活市场中的存量资金，为保障房建设提供低成本、专业化、专门化的融资服务。

（四）扩大可使用的资金来源

探索保障房的融资模式，根本目的在于吸纳更多资金来支持保障房建设，从这层意义上讲，扩大可供保障房建设使用的资金来源，也是创新保障房融资模式的重要内容。从中国当前保障房的融资实践看，政府财政资金、银行信贷资金是支持保障房建设的主力；同时包括部分国有土地出让金、住房公积金增值收益以及私人资本也参与保障房建设。但是，面对巨大的市场需求，现有的资金仍是杯水车薪。基于此，在探索融资方式的同时，还要逐步扩大资金来源。

总体来看，应从四个方面着手：一是构建政府财政资金投入的常态机制。作为政府发挥主导或引导作用的核心手段，财政资金支持应当成为保障房建设的常态固定资金来源。当然，政府的财政支持应当伴随着中国保障房事业的不断发展，逐渐由直接投资建设转向货币补贴、税收优惠等间接投资。二是强化信贷资金、住房公积金、国有土地出让金等资金对保障房的支持。目前，国家已经出台了相关政策，鼓励这些资金用于保障房建设。未来，国家应当逐步扩大用于保障房建设的资金比例，特别要强调政策性银行通过长期贷款来支持保障房建设。三是允许社保基金、保险资金参与投资保障房建设，投资形式既可以是权益投资也可以是债券投资；同时银监会、保监会、证监会要会同住建部等部门鼓励银行、信托等理财产品投资保障房，扩大保障房建设的资金来源渠道。四是盘活社会上的存量私人资本，依托资本市场并通过各种资本运营手段来拓宽资金供给渠道。

7.2　建立并完善相关法律保障体系

保证保障房融资体系的长期有效运行，要求从立法层面建立一套行之有效的法律保障体系。从成熟国家及地区的保障房融资经验看，绝大多数都建立了符合本国国情的法律体系，如美国的《国民住宅法》、《住房法》，新加坡的《住房发展法》以及英国的《住宅法》等，都从不同的角度对保障房融资体系给予了法律保障，并且为保障房的后续管理运营提供了法律支撑。就中国而言，目前也推出了相应的法律本文，如《土地管理法》、《城镇廉租住房管理办法》及《经济适用房管理办法》等。应该说，这些法律制度的建立，为中国保障房融资体系建立发挥了重要作用。但是，与成熟国家相比较，中国的保障房融资法律普遍存在零散、片面的问题，而没有形成一个全面、系统的法律体系，这显然不利于规范保障房融资行为，有碍于中国保障房事业的发展。基于此，要求尽快建立符合中国国情的保障房法律体系，推动保障房融资的规范、有序进行。

7.2.1　规范 REITs 操作及 PPP 模式的法规

比较来看，REITs 与 PPP 是当前中国保障房建设应重点强调的两大融资模式。应该说，这两种模式都属于舶来品，在中国的应用并不广泛。基于此，将 REITs 与 PPP 应用于保障房领域，要求从立法和制度层面给予保障，以规范具体的融资操作行为。

（一）建立规范 REITs 操作相关的法律

就 REITs 的运作而言，其包括多个流程，如基金设立、资金募集、资产托管、证券交易转让、第三方资产管理等。规范 REITs 的运作，要求就其运行进行规范，主要手段就是建立相关的法律法规。目前，与房地产资产运营相关的法律法规相当多，具体包括房地产交易、价值评估、物业管理等。如果将保障房当作 REITs 的标的资产，就会触及与保障房相关的法律法规。鉴于此，需要从立法层面对 REITs 进行规范，建立或者修订当前的住房保障法律。就国外的实践而言，包括美国、新加坡、中国香港在内的多数发达国家与地区，都建立了相应的 REITs 法律法规，如美国的 REITs 法规是以税收为核心；就中国的实践而言，央行版的 REITs 条例明显不适用于保障房领域，这就要求依据现行法律如《信托法》、《集合资金信托计划管理办法》等作为基础，综合考虑证监会、发改委、银行间交易商协会关于有价证券上市交易的相关规定；同时参考新加坡、中国香港的专项 REITs 立法的方式，从立法层面来解决保障房 REITs 可能涉及的相关问题，从而充分发挥并放大市场力量在保障房融资中的作用，解决财政资金对保障房建设支持不足的问题。当然，建立规范 REITs 运作相关的法律法规，还能够确保保障房 REITs 的规范运行，促进中国保障房市场有序运行。

中国建立规范 REITs 操作相关的法律，要求强调两个方面：一是严格规范募集资金的使用，保障投资者权益。根据证监会及银行间交易商协会的相关规定，保障房 REITs 应当充分披露其募集资金投资计划，披露内容主要包括募集资金的使用、项目预期现金流、收益测算等，同时还要在通过专项报告充分揭示保障房项目建设计划、建设进度、募集资金使用途径改变等。特别的，要严谨将保障房 REITs 募集资金用于商品房开发等非保障房项目，确保募集资金投向保障房领域。二是要加强资产托管人的独立性，同时强化托管人的失职处罚力度。根据证监会及银行间交易商协会的相关规定，监管部门有权对 REITs 托管人的违规行为进行处罚，具体包括取消托管资格，对负责人罚款、暂停或者吊销基金从业资格等。但是，对于什么样的行为属于违规行为，以及哪些违规行为应当得到什么样的处罚，现行的法律条文没有给予明确解释，这就会大大弱化托管人的独立性。鉴于此，必须明确托管人的违规行为范围，加大违规行为的处罚力度。同时，还要在托管人与管理人之间建立一种制衡机制，杜绝可能发行的内幕交易和关联交易，从而在最大范围内和最大程度上保障 REITs 的资产安全以及投资者的合法权益。

（二）建立规范 PPP 模式的相关法律

建立规范 PPP 模式的相关法律，首先要明确 PPP 融资操作中所有参与者的行为边界。具体来说，保障房项目的策划、招标、监督有政府来执行；具体的政策实施与执行由住房保障机构来执行，同时住房保障机构还要全面负责 PPP 项目所需的一切资源，如土地、资金等；而各种专业的第三方机构，作为 PPP 模式下的参与人，专门为 PPP 项目的运行提供专业服务和技术支持，确保项目顺利实施与推进。

在此基础之上，应该从三个方面建立法律保障体系：第一，尽管出台与中国国情相符合的保障房 PPP 项目融资法律法规。所指定的 PPP 项目融资法律，一方面要涉及 PPP 项目运用与保障性住房建设的特许经营期、风险分担、权责分配、程序安排等；另一方面要制定行之有效的监管机制和违规行为处罚机制。从法律层面上，明确保障房建设可以使用公私合营的模式，允许私人资本和社会资本参与保障房建设。同时，PPP 项目融资要强调因地制宜，即各级地方政府要根据自身实际情况，出台各种配合 PPP 项目融资的优惠政策，对私人资本的收益形成一定保障，从而提高私人资本的参与积极性。第二，当前的《招投标法》是当前公共项目普遍使用的法律文本，它对项目具有明确的指导性意见，比较清晰的明确了招投标的程序流程。建立完善的 PPP 项目法律法规，能够起到《招投标法》的效果，提高私人资本对保障房项目的信心。第三，要在操作层面制定格式化的合同文本。PPP 模式下的保障房融资涉及多方参与主体，各个参与主体之间又存在错综复杂的契约关系。鉴于此，只有制定标准化、格式化的合约文本，才能从根本的理清各个参与主体之间的权责利划分。

7.2.2 建立系统配套的支持政策

建立配套的支持政策，是推动保障房事业发展的重要手段，也是规范各种保障房融资模式的必然选择。总体来说，中国建立促进保障房融资的配套支持政策，首先要着眼于立法层面，通过建立多层次的住房保障法律体系而使保障房融资行为有法可依、有法可循。在此基础之上，还要强调保障房运营管理制度的建立与完善，其中主要包括保障房的申请、审批、公示、推出等一系列制度安排的设计。法律体系与管理制度固然重要，但从当前中国保障房融资的实际情况看，最迫切要解决的问题是土地问题。因此，建立支持保障房融资的法律保障体系，必须有土地制度层面的创新与突破。

（一）建立多层次的住房保障法律体系

促进保障房事业发展、创新保障房融资模式，不仅要从政策层面给予支持，待条件成熟要将部分政策上升到立法层面，只有建立完善、有效的住房保障法律体系，才能真正保障每一位公民住房权与居住权的实现。当然，构建保障房的法律体系，并非单纯的出台一本专门的法律文本，而是要着眼于多层次体系的建立，从宪法、专项立法以及配套立法三层面着手，形成一个相互支撑、相互补充的立法体系。

建立多层次的住房保障法律体系，首先要推动住房权入宪即把住房保障纳入到国家宪法中。在宪法中明确居民住房权，核心在于为保障房融资的法律制度建设提供最强的根本法依据。在此基础之上，再依据宪法来制定保障房发展的中长期规划，同时赋予与保障房相关的融资模式以法律地位，从而使保障房融资具有可行性、可持续性并落到实处。其次，国家应就保障房出台专项法律（如《保障房法》），并将保障房融资相关事宜纳入其中。应该说，专项立法的目的在于使得保障房以及整个房地产市场的宏观调控有法可依，同时为保障房融资、建设、规划提供更加可靠、翔实、专业的法律依据。需要说明的是，保障房专项立法应当是一个系统的法律，它应当以保障公民住房权为宗旨的专门性法律，从更高层面的法律上来优化我国保障房体系，从而保证其基本内容为适足性住房权。同时，还要明确居民住房的权利与义务，突出住房保障法律体系所依据的基本原则，从而实现社会健康稳定和经济良好持续发展。[①] 最后，还要建立相应的配套制度。例如，强化政府信息的公开透明，即政府应将保障房的规划、建设、准入、分配等每一个环节的信息进行公开披露，切实维护保障房的保障功能。

---

① 张子威. 我国保障性住房及其法律制度研究——以公民住房权为视角 [D]. 吉林大学，2013

（二）完善保障房的运营管理制度

保障房的运营管理制度是整个保障房制度体系安排中的重要组成部分，其具体包括保障房的保障对象界定、准入条件设置、申请审核流程、轮候制度以及退出制度等。应该说，保障房运营管理的建立与健全，是保障房发挥住房保障作用的关键，也是实现保障房顺利融资的基础。

就保障对象的界定而言，其应当面向存在阶段性住房困难且工作相对稳定的中低收入人群，或者引进人才、新就业大学生以及外来务工人员。其中，保障房的准入条件，应当从三个方面来设置：其一，要求申请人应当签订固定期限的劳务合同；其二，申请人在本地没有住房或者存在住房困难；其三，要明确申请人的收入标准。在这三个标准中，收入标准处于核心地位，应结合当地的收入消费水平、申请人的收入水平、户籍状况等因素实施差异化的标准。就申请审核制度而言，应实行两级审核、两级公示制度。具体来说，申请人首先向住房保障部门递交申请资料，经初审后公示；经公示无异议之后在进行复审，此时住房保障部门应结合申请人的实际情况，对提交资料进行复核，并将复核结果予以公示，经公示无异议的方可纳入轮候序列。就轮候制度而言，指对于取得轮候资格的家庭来说，要按照就业年限、家庭结构、婚姻状况、轮候时间、家庭特殊困难等因素来打分，以分数高低顺序确定轮候入住。就保障房的退出制度而言，是指通过相应的鼓励或惩罚制度安排来使不符合入住标准的住户退出保障房领域，从而将保障房转给符合条件但没有住房的家庭。建立保障房退出制度，其根本目的就是提高保障房的运营效率，满足更多中低收入家庭的住房需求。

（三）创新土地供给保障制度

完善且有效的土地供给制度，是弱化保障房融资困境、推动保障房事业发展的核心制度之一。目前，中国保障房建设所采取的土地供给方式，主要是政府无偿划拨或者说无偿供给。显然，在保障房发展的早期阶段，政府无偿供给土地是非常重要的。但是，从成熟国家的发展经验看，单纯倚重政府无偿划拨土地，从根本上来说是无法满足社会群众对保障房的需求。因此，必须创新土地供给保障制度，从根本上解决保障房建设的土地供给障碍。

创新支持保障房融资的土地供给制度，首先要盘活现有土地，具体来说就是强化住宅用地配建保障房，即政府将一定量的保障房配建作为土地规划条件，在开发商通过土地市场竞得土地建设商品房的同时，同时配建保障房。应该说，商品房建设用地配建保障房，本质上是把土地出让成本转化为建设一定比例的保障房冲抵，从而既减少了政府在保障房建设上的财政压力，也充分利用私人资本来支持保障房建设。第二种土地供给模式是有条件的农村集体土地，一方面解决农村集体土地闲置问题，另一方面解决保障房建设用地不足和资金短缺的问题。当然，鉴于中国土地"二元"制度障碍，利用农村土地建设保障房，还需要多方面的制度创新予以配合，特别是建设过程中的实施规划、保障房产权关系、供给对象界定、房屋收益分配等，防止原有制度的异化与走偏。第三种土地供给模式是鼓励企业以自有土地建设保障房。目前，许多中央级企业或者大型工业园区都采取了这种方式，即利用自有土地建设保障房，并专门服务于本单位或者本园区的无房职工。国家要推广这种土地供给模式，一方面要给予企业相应的财税优惠，弱化保障房的市场需求；另一方面要加强监管，防止个别企业借机大搞福利分房而违背保障房制度的设计初衷。

7.3　建立激励约束与监管机制

完善的法律制度是保证保障房融资体系有效运行的基础，但是法律制度更多的是一种指引和规范，探索保障房融资方式并改善保障房资金困境，还需要建立完善的激励机制，以吸引更多资本为保障房建设提供资金。与其他任何激励机制一样，保障房融资的激励机制主要着眼于各种财税优惠措施、行政审批简化。在激发市场投资热情的同时，还需要建立有效的风控机制和监督机制，来规范融资行为。其中，风控机制应当强调制定风控指引、设立政策性担保机构、建设风险管控信息系统以及构建融资机构市场退出机制；监督机制则应在明确职责划分的基础上，形成包括政府行政监督、司法监督和社会公众及媒体外部监督的多元化监督方式，并通过构建政府问责和惩处机制来确保监督职责落实到实处。

7.3.1 建立有效的激励机制

探索保障房的融资方式，关键在于吸引更多资本参与保障房建设。但是，保障房的公益性决定了其没有高额利润空间，从而弱化了投资者的积极性。基于此，政府应当建立有效的激励机制，引导私人资本进入保障房领域。具体来说，建立有效的激励机制，首先要着眼于制度创新，通过构建激励相容机制，使私人资本与保障房建设目标函数趋于一致性。同时，政府还要通过一系列财税优惠政策，降低私人部门的成本并提高其提高利润水平。

（一）建立激励相容机制

所谓"激励相容机制"，是指能够使市场中每一个理性人在追求自身利益的同时，正好实现个人利益目标与集体利益目标相吻合的一种制度安排。由此可见，"激励相容机制"的本质就是解决个人利益目标与集体利益目标的冲突，实现两者利益目标函数一致。就保障房融资而言，保障房的公共属性和公益性决定了其没有商品房那样的高利润空间，故而以利润最大化为目标的私人部门自然没有动力为保障房提供资金和参与保障房建设。但是，政府资金是有限的，特别是在当前保障房建设需求巨大的背景下，单纯倚重政府必然无法实现保障房建设目标，需要通过制度创新来吸引部分私人机构。此时，就需要构建一个激励相容机制，既可以保证私人部门的必要收益，又能够吸引私人部门参与保障房建设。

建立激励相容机制，应当着眼于两个方面：其一，政府要允许并鼓励私人部门就保障房融资模式进行创新，并保证其获得不低于市场平均水平的利润率。一方面，吸纳私人资本参与保障房建设，不仅需要政府的各种财税优惠，更多的是需要制度层面的支持，允许探索并使用各种创新融资方式；另一方面，在允许使用创新融资方式的同时，还要赋予私人部门相应的权利，使其通过权利行使来保障自己的最低收益。其二，引入市场力量要求以保障住房需求为前提，即不能忽视保障房的公共职能。建设保障房的根本目的在于维护居民特别是中低收入阶层的基本居住权，因此既允许私人资本获取一定收益水平，又不能放大私人资本的逐利性，必须强调保障房的公益属性。

（二）完善财税激励机制

在市场经济条件下，追逐利润最大化是私人资本的根本目的，脱离这一目标，资本也就失去了存在意义。保障房是一种公益产品，是着眼于解决中低收入阶层基本住房问题而建设的公共住房。显然，保障房的公益性决定了其很难赋予私人资本高额利润，或者说保障房无法赋予私人资本所要求的利润水平。基于此，政府探索保障房融资模式并吸纳私人资本参与保障房建设，最基本的要求就是保障私人资本能够获得不低于市场平均水平的利润率。从世界各国的普遍做法看，吸纳私人资本参与保障房建设并保障其获得必要的收益，最常用的激励手段就是财税激励。中国的保障房事业刚刚起步且市场需要巨大，政府通过财税优惠政策必不可少，具体来说就是构建以支持保障房融资为核心目标的税收优惠激励机制和财政支持激励机制。

就税收优惠激励机制而言，可以考虑从三方面给予支持：一是对保障房建设资金提供者因支持保障房建设而获得收益，可以享受政府给予的优惠税率；二是投资者因持有私人部门或政府部门因支持保障房建设所发行的债券等金融产品，其获得收益应当享有免税政策；三是保障房融资的税收支持政策应当通过立法的形式固定下来并长期保持稳定。就财政支持激励机制而言，主要表现为财政补贴与财政贴息。具体来说，一方面，政府应通过直接补贴购房者来放大其住房消费能力，从而间接补贴资金提供者；另一方面，对于以负债形式获取建设资金的，所形成的利息费用，政府财政应当给予一定的贴息，从而降低保障房建设的成本。

（三）制定配套激励措施

依托激励机制来促进保障房融资，根本目标就是吸纳更多资本参与保障房建设，而手段就是制定各种制度安排以及优惠政策。其中，制定优惠政策属于政府行为，也是政府履行公共职能的具体表现。目前，绝大多数国家和地区在支持保障房融资方面，都推出各种财税优惠政策，以降低融资成本。但是，促进保障房融资方式创新，单纯倚重激励机制是难以推进的，它需要更多政府与建设者或者融资者的配合，特别是政府的支持。具体而言，政府支持融资方式创新，关键要为创新活动创造良好的环境，一是简化创新融资方式的审批环节并降低门槛，鼓励市场主体尝试新的融资方式；二是政府要主动向融资者建议创新融资方式，进行试点实行，发挥引导和推动作用；三是对于试点成熟的融资方式，政府应当将其推广并应用，从而发挥并放大示范效应和带头作用。当然，对于某些具体的创新融资方式，政府可以指定专门的优惠政策，扩大融资方式的辐射范围。

7.3.2　建立完善的风险管控机制

从本质上讲。保障房融资是一种金融行为，这就决定了保障房融资必然要面对风险问题。因此，探索保障房融资模式，不可回避的一个问题就是如何管控融资风险。具体而言，建立保障房融资的风险管控机制，首先要着眼于立法制度的建设，用法律体系来约束融资主体的行为。在此基础上，还需要设立专门服务于保障房融资的政策性担保机构、建设风险管控信息系统以及构建融资机构市场退出机制，从多个角度和层面来管控融资风险。

（一）从立法层面建立专门的风险管控制度

建立保障房融资的风险管控机制，首先要从立法层面给予保障。就中国的保障房融资风险管控立法而言，可以参照美国次贷危机后重构的住宅金融法律，将专门的政府监管机构、金融机构、融资人都覆盖到。同时，风险管控法律应该设计融资方式的选择与使用、交易流程、合同签署、债权人权益保护、总体风险控制指引以及危机应对措施等。

（二）设立政策性担保机构

分散融资风险，最基本也是最常用的方式就是提供担保。就保障房融资而言，尽管政府的直接或间接参与在很大程度上弱化了融资风险，但也无法完全保证融资风险为零。基于此，从减少投资者风险顾虑的角度出发，可以考虑通过提供担保的方式来进一步弱化这种风险。进一步说，由于保障房融资是一种公益性、政策性融资，所以为保障房融资提供担保的机构，也应该以政策性担保机构或者特定的担保机构为主。政府建立服务于保障房融资的担保机构，既可以依托现有的国有金融担保机构，开辟专门服务于保障房融资的业务板块，也可以设立新的担保机构。在担保机构履行职责时，一方面要向保障房建设融资者提供担保，另一方面向保障房购买者提供抵押贷款担保。除此之外，政府还可以设立专门的保障房风险管理基金，在保障房建设融资者或者购房者出现偿付风险时，对投资者进行损失补偿。需要强调，由于保障房融资担保机构属于政策性机构，所以担保费用应受到严格控制，不能任由市场化定价。

（三）建立风险管控信息系统

防范是风险管理控制的关键，如果等到风险爆发再去控制，势必会造成巨大损失。就保障房融资风险管控而言，也要强调风险预防，最常用的手段就是建立风险管控信息系统。首先，中国人民银行要完善征信系统，提高信用信息数据的时效性、完整性和全面性，从而为资金提供者判断融资者的信用风险提供最及时、最准确的信息；其次，包括商业银行、证券公司、保险公司以及其他为保障房建设提供资金的金融机构，都要建立行之有效的风险识别和管控系统，将包括项目审查、投资决策、投资操作、财务分析、资产估值、风险计量等环节纳入系统内，并依托信息技术和计量技术而形成事前风险识别、事中风险管控和事后风险处理的全程管理体系；最后，各金融机构要定期或不定期地开展风险压力测试，全方位的衡量自身的风险处理能力。

7.3.3　建立严格的监管机制

探索多元化的保障房融资方式，必然会涉及包括制度设计、融资模式等多方面的创新。显然，创新就要承担风险，而弱化风险最好的办法就是建立严格的监管机制，以约束和规范市场主体的行为。建立规范保障房融资行为的监管机制，首先要明确各监管主体的职责，然后在赋予各监管主体多元化、多样化的监管方式。其中，在实行多元化的监管方式方面，应当着眼于政府行政监督、司法监督和社会公众及媒体外部监督的统筹并用。

（一）明确监管职责划分

保障房融资是一个复杂的系统性工程，其涉及多方面内容，所以对保障房融资的监督，不可能由某一单独机构来完成，而应当由多个部门共同实施监管。当然，多部门监管最大的问题在于职权交叉，这就需要进行职责划分。具体来说，各级地方人民政府负责辖区保障房融资的宏观调控，具体包括方向性指导、保障房管理职能机制的关系协调、各种扶持政策的牵头制定等；各职能部门负责保障房融资的具体监督工作，其中保障房管理部门的主要责任是根据法律法规监督保障的运营以及各种补贴的分配，金融管理部门（包括银监及证监部门）主要负责融资主体的融资行为监督，审计部门主要负责对保障房工程建设单位使用资金的合法合规进行审计与监督。除此之外，各地的人民代表大会和其代表也要行使监督职责，即对地方政府的行为进行监督，一旦发现地方政府不当行使保障房行为，就应该通过法案或者其他方式来对地方政府提出异议，督促并纠正地方政府的行为。

（二）实行多元化的监管方式

建立行之有效的保障房融资监管机制，要求在明确监管主体职责边界的基础上，通过创新监管方式来提高监管的效率和效果。就中国的保障房融资监管而言，可以建立行政、司法、社会于一体的监管体系：一是政府行政监管即政府依靠行政方式来规范保障房融资行为，具体包括对融资行为的监管、对资金使用的监管等。政府在实施行政监管时，也要强调监管方式的多样化，强调不定期检查与定期检查，重视政府审计、法规监督与人事监管并举；同时还要重视多部门的联合执法监督。二是司法监管即司法机关要履行其对保障房融资的监管职责。政府在实施行政监督中，具有较大的自由裁量性，容易使政府根据自己意愿来行使权力，尽管这会提高监管的效率性，但也会降低公平性。基于此，需要依托司法权来维护公平，确保政府行政执法的合法合规。同时，司法权的存在，也会强化政府行政监管的执行力，提高监管有效性。三是社会公众及媒体的外部监督即保障房的融资主体以及管理部门要及时向社会公开融资资金的使用情况，并接受来自社会公众及媒体的质询，从而在无形中规范保障房融资行为。当然，鉴于保障房的公共属性以及对公共资金的使用，引入社会公众及媒体的外部监督，也是赋予公众知情权、批评权和建议权的具体表现。

（三）建立处罚及问责机制

在很多情况下，单纯依靠监管很难真正规范保障房融资行为，需要配以相应的行政及司法处罚机制，对违规行为进行处罚并督促其整改。建立保障房融资的处罚及问责机制，应当着眼于两个方面：一是对监管机构对融资主体违规行为的处罚。监管更多是起到督促的作用，而要是规范被监管者的行为，还需要给予违规者严厉的处罚。就保障房融资监管而言，政府在监管市场行为的同时，还要严格落实惩罚机制，对违规行为进行惩罚，或者依靠司法手段来纠正违规融资行为。二是监管机制因职责履行不当而受到的问责。监管机制的有效性，在很大程度上也取决于政府的执法力度。因此，作为保障房融资监管主体的政府，也要接受其他主体的监督，而这种监督主要表现为政府问责机制。具体来说，就是对政府的监管职责进行严格规定，明确其权利与义务，如果政府履行职责不当，就应当接受相应的行政处罚或法律惩治。

保障房是一种公共产品，不能看做商品。关于保障房社会需求巨大，是仅仅靠政府层面无法满足的一种公共产品，从投资项目是否存在收费机制把投资项目分为经营项目、非经营项目两大类，针对不同项目类型，采用不同项目模式相适应的形式。

第 8 章

结论与展望

　　赋予每一位公民平等住房权是政府不容退却的责任。在中国市场经济改革不断深化的今天，住房权的赋予更多依靠保障房。从当前中国保障房建设的实践看，融资是制约中国保障房事业发展的核心。为破除中国保障房发展的障碍，探索中国保障房的融资模式，本书分析了中国保障房融资的现状、困难所在、可以使用的模式以及法律、监管等制度保障体系，基于此得出若干研究结论。当然，中国的保障房事业起步较晚，相关经验不足，故而研究也存在一定不足。在总结研究成果及不足的基础上，本研究就未来中国保障房融资进行了展望。

8.1　研究结论

　　探索适合中国国情的保障房融资模式，首先要研究成熟国家在保障房融资领域所使用的各种融资模式以及配套制度建设，在此基础上，再剖析中国保障房融资存在的问题及其原因，研究中国可以使用的融资模式。基于此，本研究得出如下五个结论：

　　第一，中国保障房融资难是多方面原因共同作用的结果。从当前实践发展来看，资金供求不平衡是当前我国保障房领域中最大的问题，具体表现为资金缺口是全国许多地方和城市普遍面临的问题。当然，这种资金供求不平衡只是中国保障房融资难的表面原因，更深层次的原因是筹资机制不健全、监管不到位以及法律不完善。就筹资机制不健全而言，主要表现为缺乏创新融资工具和有效的担保机制；就监管不到位而言，主要表现为保障性住房建设还处于非公开化、非专门化的状态；就法律不完善而言，主要表现为住房保障权没有入宪，而且没有针对保障房制定专门法。

第二，REITs 与 PPP 是中国保障房融资可以使用的模式。当然，各类保障性住房在融资方式的选择上普遍存在差异性，要求结合不同保障房的经济特征以及资金需求，对不同属性的保障房开拓差别化、适用性的融资渠道，从而强化资金的可得性并提高资金使用效率，进而为构建多元化、多层次的住房保障融资体系创造条件和奠定基础。举例来说，公租房与廉租房融资首先要强调财政资金融资，在此基础上再通过银行信贷等模式来融资；两限房与经济适用房需要强调政府资金与社会资金的结合，通过双管齐下的方式解决资金问题和拓宽资金渠道；棚户区改造属于经营性项目，因而可以遵循市场规律，由社会资金投资参与，按照市场化的运作方式来提供住房，同时构建投资—经营—回收的资金良性循环机制。

第三，保障房的建设及融资应强调政府主导作用。政府在保障房融资中挥发主导作用，一方面要明确其责任主体地位，通过各种制度设计来解决保障房资金困境；另一方面利用其主导作用来引导市场探索多元化的融资模式，拓宽保障房建设的融资渠道和丰富资金供给来源。当然，政府主导保障房的融资活动，并不意味着将市场力量排斥在外。实际上，在整个保障房融资活动，政府作用更多地表现为引导市场行为和资金流向，从而形成多方共同支持保障建设融资的格局。

第四，中国的保障房融资法律普遍存在零散、片面的问题，没有形成一个全面、系统的法律体。基于此，要求尽快建立符合中国国情的保障房法律体系，推动保障房融资的规范、有序进行。具体来说，一要针对各种融资方式建立专门的管理办法，例如针对 REITs 与 PPP 两种模式，从立法和制度层面给予保障，以规范具体的融资操作行为；二要着眼于立法层面，通过建立多层次的住房保障法律体系而使保障房融资行为有法可依、有法可循；三要强调保障房运营管理制度的建立与完善，其中主要包括保障房的申请、审批、公示、推出等一系列制度安排的设计。

第五，吸引更多资本为保障房建设提供资金，要求建立完善的激励机制，主要表现为制度创新，通过构建激励相容机制，使私人资本与保障房建设目标函数趋于一致性。同时，政府还要通过一系列财税优惠政策，降低私人部门的成本并提高其提高利润水平。在建立机制的同时，还需要建立有效的风控机制和监督机制，来规范融资行为。其中，风控机制应当强调制定风控指引、设立政策性担保机构、建设风险管控信息系统以及构建融资机构市场退出机制；监督机制则应在明确职责划分的基础上，形成包括政府行政监督、司法监督和社会公众及媒体外部监督的多元化监督方式，并通过构建政府问责和惩处机制来确保监督职责落实到实处。

8.2　研究展望

保障房融资模式的创新与设计是一个系统工程，要求就可能涉及各种要素、环节、步骤和流程进行全方位的考察。总体来看，本研究主要有四点不足：其一，由于目前保障房起步较晚，可以借鉴的成熟运营经验非常少，故而构建适合保障房的融资模式就显得非常紧迫和困难。同时，本书利用相关理论研究保障性住房融资模式的深度不够，对政策实施的比较与评价涉及较少，偏重于政策运行过程的描述，理论归结能力欠缺。其二，就保障房项目本身来说，保障房项目可经营性、可销售性的定量分析、保障房项目经济效益与其他财务指标分析、融资能力分析等，由于目前资料和数据缺乏，因此没有进行定量分析，需要进一步跟踪和研究。其三，对保障房融资模式的研究不够透彻，具体来说就是对诸如 BT、BOT、TOT、PPP、REITs 等融资模式的优势、劣势以及在中国保障房建设领域的可行性不够深。即使是详细论述的 PPP、REITs 两种融资模式，也没有深入研究。其四，对保障房融资的配套机制研究不够深入，特别是保障房立法体系构建方面的研究相对欠缺，同时限于文章篇幅，对保障房的运营管理论述不够翔实。除此之外，对于各种政府政策在保障性住房融资机制中的地位没有作单独的研究，而从保障性住房的国际经验并结合我国未来保障性住房的发展趋势看，政府发挥主导作用的关键着力点将放在税收优惠政策上，因此，本书没有就保障性住房的税收政策进行研究，可以说，这对于构建完备有效的保障性住房运行机制的一大漏洞。

　　上述的这些局限性和不足，将是笔者后续研究的方向和主要内容。

参 考 文 献

［1］安国俊．稳步发展地方政府债券［J］．中国金融，2009（9）

［2］包山莲．公共租赁住房 PPP 融资模式研究［D］．东北财经大学，2011

［3］蔡建秀．我国 REITs 发展面临的风险及防范［J］．上海房地，2010（1）

［4］常青．试论我国保障房存在的问题及解决对策［J］．中国市场，2011（45）

［5］陈杰．我国保障性住房的供给与融资：回顾与展望［J］．现代城市研究，
2010（9）

［6］陈静思，许伟云．我国城镇住房保障制度现状分析［J］．红河学院学报，
2009（2）

［7］陈柳钦．房地产信托投资基金的运行轨迹［J］．价格与市场，2008（9）

［8］陈柳钦．公共基础设施 PPP 融资模式问题探讨［J］．甘肃行政学院学报，
2008（6）

［9］陈柳钦．运用 PPP 模式进行城市轨道交通建设融资［J］．上海铁道科技，
2006（4）

［10］陈酉宜．我国保障性住房政策实施过程中存在的问题及对策［J］．经济纵横，
2010（11）

［11］程益群．住房保障法律制度研究［D］．中国政法大学，2009

［12］丁燕，张协奎．我国住房保障制度的研究综述［J］．改革与战略，2010（5）

［13］冯文丽，陈靖．构建我国保障性住房建设的筹资机制［J］．农村金融研究，
2011（10）

[14] 高武. 保障房品质缺陷的反思与对策 [J]. 中国经贸导刊, 2011 (21)

[15] 高玉芬. 中小企业的融资渠道选择 [N]. 财会信报, 2010 – 04 – 26 (D3)

[16] 郭福春, 郭延安. 我国房地产金融风险成因与防范机制研究 [J]. 浙江金融, 2009 (12)

[17] 郭明杰, 王燕. 城市保障房建设中的融资模式探析 [J]. 财政研究, 2011 (11)

[18] 郭玉坤. 中国城镇住房保障制度研究 [D]. 西南财经大学, 2006

[19] 郭振纲. 保障性住房退出机制的漏洞亟待弥补 [N]. 工人日报, 2010 – 04 – 01 (3)

[20] 韩函. 租赁型保障房建设资金来源问题研究 [D]. 华中师范大学, 2011

[21] 何剑, 李雪葱. 地方融资平台主要融资渠道探析 [J]. 国际金融, 2011 (2)

[22] 何金玲. 中国地方政府主导下的经济发展研究 [D]. 吉林大学, 2009

[23] 侯淅珉. 主要市场经济体制国家 (地区) 住房保障制度及其对我们的启示 [J]. 北京房地产, 1996 (1)

[24] 胡晓霜. 保障性住房融资模式创新研究 [D]. 西南财经大学, 2012

[25] 黄英锋, 吕德宏. 宝鸡市经济适用房发展问题探析 [J]. 西北农林科技大学学报 (社会科学版), 2009 (1)

[26] 黄兆隆. 围绕发行人特征再融资分类监管雏形渐显 [N]. 证券时报, 2011 – 10 – 14 (A9)

[27] 蒋国磊. 论房地产投资信托基金及我国廉租房融资模式创新 [D]. 复旦大学, 2011

[28] 金大鸿. 从韩国的公共住房制度看中国保障性住房制度的建立 [J]. 经济导刊, 2008 (2)

[29] 金伊花. 日本的住房保障 [J]. 城乡建设, 2008 (6)

[30] 金银姬. 韩国公共住房政策对中国的启示 [J]. 城市开发, 2006 (11)

[31] 赖鑫泰. 厦门保障性住房的模式及运行机制研究 [D]. 集美大学, 2010

[32] 雷颖, 君郭, 静易琳. 城市保障性住房的金融支持立法研究——基于公共租赁房建设运用 REITs 融资视角 [J]. 法学杂志, 2011 (S1)

[33] 黎显扬. 我国保障性住房融资模式之探究 [J]. 基建管理优化, 2012 (1)

[34] 黎显扬. 完善保障性住房融资模式综探 [J]. 城乡建设, 2012 (2)

[35] 李东平、孙博. 集中式综合社会保障及市场化运作——新加坡中央公积金制度的经验与启示. 新华金融, 2013

[36] 李爱娟. 我国廉租房保障问题及对策研究 [D]. 湖南师范大学, 2009

［37］李静静，杜静. REITs 在保障性住房融资中的运用［J］. 中国房地产，2011（5）

［38］李佳鹏. 我国廉租房建设政府融资困境及对策［D］. 东北师范大学，2011

［39］李洪侠. 城镇基本住房保障体系研究［D］. 财政部财政科学研究所，2012

［40］李莉. 美国公共住房政策的演变［D］. 厦门大学，2008

［41］李莉. 美国公共住房政策演变述评. 史学理论研究，2010（1）

［42］李璐. 完善我国保障性住房制度研究［D］. 吉林大学，2011

［43］李宇中. 浅谈利用 REITs 发展公租房建设——促进我国保障性住房体系进一步完善［J］. 现代商业，2010（11）

［44］梁云凤. 德国的保障房制度及对我国的启示. 经济研究参考，2011（61）

［45］林坚，冯长春. 美国的住房政策［J］. 国外城市规划，1998（2）

［46］刘畅. 引导多渠道资金参与保障性住房建设［N］. 经济日报，2011－07－27（7）

［47］柳坤璋. 我国保障性住房中公共租赁房制度的研究［D］. 湘潭大学，2011

［48］陆培永. 保障性住房融资困境及对策研究［D］. 广西大学，2012

［49］卢泳志. 保障房建设资金仍是最大障碍［J］. 中国房地产业，2011（8）

［50］罗应光，向春玲等. 住有所居·中国保障性住房建设的理论与实践. 中共中央党校出版社，2011

［51］吕萍，甄辉. 城乡统筹发展中统一住房保障体系的建设［J］. 城市发展研究，2010（1）

［52］马光红. 社会保障性商品住房问题研究［D］. 同济大学，2007

［53］马建平. 中国保障性住房制度建设研究［D］. 吉林大学，2011

［54］马庆斌. 保障性住房的国际经验借鉴和政策启示［J］. 宏观经济管理，2010（10）

［55］倪巍洲. 绩效审计机理与对策［D］. 东北林业大学，2008

［56］齐元方. 浅探以金融创新思路破解廉租房建设资金难题途径［J］. 科协论坛（下半月），2011（8）

［57］秦虹. 国外公共住宅政策研究. 国家行政学院进修部，2011

［58］秦虹. 住房保障与房地产市场调控. 国家行政学院出版社，2011

［59］任庆亮，周璞. 我国城镇住房制度的改革历程与思考［J］. 华中师范大学研究生学报，2011（1）

［60］阮连法，舒小乐. 我国房地产投融资体制发展的新动向——房地产投资信托［J］. 技术经济与管理研究，2004（1）

［61］尚秀琳. 3000 亿元投入能否融化住房保障制度坚冰［J］. 南方论刊，2011（1）

［62］沈艳兵，杨森，杨宇翔．如何推进我国保障性住房建设［J］．未来与发展，2010（8）

［63］沈亚男．我国保障性住房融资问题及对策研究［D］．东北财经大学，2012

［64］宋一欣，赵雪莲．简论权益融资的法律规范［A］．中国商法年刊第三卷（2003）［C］．2003

［65］苏多永，张玉香．保障性住房供给不足的原因探析与政策建议［J］．中国房地产金融，2010（3）

［66］苏开成．县级地方政府在保障房建设中的职能研究［D］．内蒙古大学，2011

［67］苏仪云．浅谈廉租房 REITs 融资面临的问题及解决措施［J］．现代商业，2011（20）

［68］孙娜．吉林省保障性住房运行模式研究［D］．吉林建筑工程学院，2010

［69］唐丽丽．我国城镇保障性住房融资模式研究［D］．山西财经大学，2013

［70］田野，肖煜，宫媛．天津新家园保障房社区规划设计探索——双青新家园的实践［A］．转型与重构——2011中国城市规划年会论文集［C］．2011

［71］田一淋．PPP 融资模式：中国住房保障体系的理性出路——有感于本刊《提高贷款不利于老百姓买房》［J］．中国房地产金融，2006（3）

［72］田玉忠，黄真帅．我国保障性住房体系发展可持续性探讨［J］．宁夏大学学报（人文社会科学版），2011（3）

［73］汪利娜．日本政策性住宅金融的演进与启示［J］．中国社会科学院金融研究所房地产论坛，2011（5）

［74］王芳．政府审计质量的影响因素研究［D］．复旦大学，2009

［75］王凤姣．引入 REITs 拓宽融资模式破解保障性住房筹资难题［J］．现代商业，2011（5）

［76］王晖．主要发达国家住房保障制度及其实施对我国的启示［J］．世界经济与政治论坛，2006（4）

［77］王洪春．住房社会保障研究［D］．合肥工业大学出版社，2009

［78］王琳．我国城镇廉租房制度研究［D］．西南财经大学，2009

［79］王炜．保障房建设提速扩面．人民日报，2011

［80］王勇．保障房建设 LPFs 融资模式探讨［J］．财会月刊，2011（20）

［81］王振海，王丽玫，王少峰．廊坊市保障性住房建设模式研究［J］．廊坊师范学院学报（自然科学版），2011（1）

［82］韦颜秋．我国保障房融资体系建设现状与构建［J］．中国国情国力，2012（2）

［83］吴倩．科技企业孵化器融资机理与模式研究［D］．武汉理工大学，2008

［84］吴文生．PPP 融资模式在我国廉租房建设中的应用［J］．建筑经济，2009（6）

［85］吴晓求．市场主导与银行主导：金融体系在中国的一种比较研究．中国人民大学，2006

［86］吴洋．内地 REITs 市场的调研与思考［J］．中国房地产，2009（2）

［87］吴永宏．中国城市住房保障制度设计与实践运行研究［D］．苏州大学，2013

［88］武超群，蓝天．国外保障房建设中政府参与方式分析及对我国的启示［J］．中央财经大学学报，2011（9）

［89］项银涛．有限理性、房地产市场波动与金融稳定［J］．上海金融，2011（6）

［90］谢基海．保障性住房项目代建单位的选择研究［D］．江西理工大学，2012

［91］谢书倩，杜静．PPP 模式在我国住房保障体系实施中的应用研究［J］．项目管理技术，2009（8）

［92］杨大楷，张烁．我国保障性住房融资模式探究［J］．农村金融研究，2011（10）

［93］杨国荣，张军．城市基础设施建设的融资渠道选择研究［J］．重庆大学学报（社会科学版），2005（4）

［94］杨嘉理．创新住房保障融资模式 完善建设资金支撑体系［J］．中国房地产，2012（7）

［95］杨绍萍．运用 REITs 模式发展我国公共租赁住房的路径研究［J］．中国金融，2010（17）

［96］尹丹莉．我国中小企业融资问题研究［D］．天津财经大学，2009

［97］由丽丹．中小企业融资理论研究综述［J］．山东工商学院学报，2005（5）

［98］于树彬，武庄．我国保障性住房融资模式的现状和问题分析［J］．商业经济，2011，16：1－2

［99］俞永学．新加坡的住房政策及其对中国的启示［D］．上海交通大学，2008

［100］郁鸿元．我国保障房建设的现实困境与市场对策［J］．上海城市管理，2011（6）

［101］苑珺．公共政策评估视角下我国社会保障性住房政策研究［D］．江西财经大学，2012

［102］曾广录．保障性住房私人融资的不足性及弥补对策［J］．当代财经，2011（8）

［103］曾玲．我国保障性住房建设融资模式的战略思考［D］．湖南大学，2012

［104］臧崇晓，刘洪玉，徐玉勇．英国可支付住房的投融资体系及其经验借鉴［J］．现代城市研究，2012（10）

［105］郑成威. 江门市区保障性住房融资方式研究［D］. 华南理工大学，2012

［106］张兵. 新加坡中小企业融资体系分析［D］. 吉林大学，2009

［107］张晨子. 新加坡住房保障政策对我国保障性住房建设的启示［J］. 成都大学学报（社会科学版），2011（4）

［108］张晓琴. 我国民间资本发展问题研究［D］. 华东师范大学，2009

［109］张子威. 我国保障性住房及其法律制度研究——以公民住房权为视角. 吉林大学，2013

［110］赵红丽. 中小企业信用担保与票据融资研究［D］. 中国科学技术大学，2006

［111］赵培亚，陈淑清. 保障房有效增加了住房供给. 新华时政，2012

［112］周力锋. 民间资本参与公共租赁房建设运营的风险评价研究［D］. 浙江工业大学，2012

［113］邹金虎. 基于 REITS 的公共租赁住房建设融资模式设计研究［D］. 西南财经大学，2011

［114］中国人民银行丽水市中心支行课题组，王保华. 当前保障性住房建设面临融资困境及成因探析［J］. 浙江金融，2011（12）

［115］Bogdon A S, Can A. Indicators of Local Housing Affordability：Comparative and Spatial Approaches［J］. Real Estate Economics，1997，25

［116］Braid R M. Uniform Spatial Growth with Perfect Foresight and Durable Housing ［J］. Journal of Urban Economics，1988，23

［117］Ward C, Blenkinsopp J, McCauley-Smith C. Leadership development social in housing：a research agenda［J］. Journal of European Industrial Trainning，2010，34（1）

［118］Williams C S, Saunders M N K, Staughton R V W. Understanding service quality in the new public sector：An exploration of relationships in the process of funding social housing ［J］. International Journal of Public Sector Management，1999，12（4）

［119］Whitehead C, Scanlon K. Social Housing in Europe［D］. London School of Economics and Political Science，2007（7）

［120］Susilawati C. Can risk management boost the supply of affordable housing development and management？［J］. International Journal of Housing Markets and Analysis，2009，2（4）

［121］Clapham D, Kemp P, Smith S J. Housing and Social Policy［M］. London：Macmillan，1990

［122］Reisman D. Housing and superannuation：social security in Singapore［J］. International Journal of Social Economics，2007，34（3）

[123] Doling J. Comparative Housing Policy: Government and Housing in Advanced Industrialized Countries [M]. St. Martin's Press, 1997

[124] ChanE H W, Lee G K L, Chan A T S. Universal design for people with disabilities: A study of access provisions in public housing estates [J]. Properpty Management, 2009, 27 (2)

[125] Morgan J. Housing and security in England and Wales: casualization revisited [J]. International Journal of Law in the Built Environment, 2009, 1 (1)

[126] Weicher J C, Thibodeau T G. Filtering and housing markets: An empirical analysis [J]. Journal of Urban Economics, 1988, 23 (1)

[127] Gyourko J, Linneman P. Equity and efficiency aspects of rent control: An empirical study of New York City [J]. Journal of Urban Economics, 1989, 26

[128] Lawson J. European housing strategies, financing mechanisms and outcomes [J]. OTB Research, 2009

[129] Wilhelmsson M, Andersson R, Klingborg K. Rent control and vacancies in Sweden [J]. International Journal of Housing Markets and Analysis, 2011, 4 (2)

[130] Stone M E. Whose Shortage of Affordable Housing Comment [J]. Housing Policy Debate, 1994, 5 (4)

[131] Maclennan D. Housing Economics: An Applied Approach [M]. London: Longman, 1982

[132] Yip N M. Tenant participation and the management of public housing: The Estate Management Advisory Committee of Hong Kong [J]. Property Management, 2001, 19 (1)

[133] Ohls J C. Public Policy toward Low-Income Housing and Filtering in Housing Markets [J]. Journal of Urban Economics, 1975 (4)

[134] Silverman R M. Nonprofit perceptions of local government performance in affordable housing [J]. International Journal of Housing Markets and Analysis, 2009, 2 (3)

后　记

　　作为我的博士论文，本研究是在中国人民大学财政金融学院吴晓求教授的悉心指导下完成的。在整个论文讨论和写作过程中，吴老师对我进行了耐心的指导和帮助，提出严格要求，引导我不断开阔思路，为我答疑解惑；鼓励我理论结合实际，为中国保障房建设做一些有意义的探索。在撰写论文的过程中，通过融汇相关金融理论知识，系统整理国外现有保障房建设的相关经验，并结合自身的房地产行业经验，形成一些较为创新的结论；同时也培养了我良好的实验习惯和科研精神。在此，我向吴老师表示最诚挚的谢意！

　　在论文即将完成之际，我的心情久久无法平静。从开始选题到论文顺利完成，很多师长、同学、同事给予了我无数的帮助。感谢财政金融学院各位老师的热心指导，感谢财政金融学院 2009 级金融学专业的同学们的热心帮助，感谢我的同事崔勇博士、赵鹏飞博士的热心协助，正是由于你们的帮助和支持，我才能克服诸多困难，解明疑惑，完善细节，直至论文顺利完成。在这里请接受我诚挚的谢意！

　　同时，要把最真挚的感谢送给我的家人，是你们的无私鼓励和支持，让我能心无旁骛。

　　最后，衷心地感谢在百忙之中评阅论文和参加答辩的各位专家、教授！

张　勇

2014 年 8 月